日本サッカー 頂点への道

西川結城
Yuki Nishikawa

さくら舎

目次◆日本サッカー　頂点への道

プロローグ　弱者の可能性

第１章　お金と血の掟

第2章　理想主義的現実論

第3章 「輪」の戦術

第4章 圧倒的な技術

エピローグ　サッカースタイルの問題

日本サッカー　頂点への道

プロローグ　弱者の可能性

2014年ブラジルW杯コートジボワール戦

今でも鮮明に覚えている。

2015年3月。東京タワーの麓にあるホテルの会見場。

集まった多くのメディアを前に、突然日本にやって来ることになった男が発した、強く、たくましい言葉を。

彼は、日本サッカーに最も足りない要素を、いきなり大声でまくし立てた。

「W杯での日本は、弱々しさが際立っていた。日本人選手に必要なもの、それはデュエルだ」

ヴァイッド・ハリルホジッチ監督の一言一句を見聞きした人たちは、その鋭い指摘に指導力の高さを垣間見た気がしただろう。

まだ、直接チームや選手たちを見ていないにもかかわらず、日本が世界と戦う上で抱える課題をストレートに言ってのけたからだ。

球際での争い、激しさ。つまりピッチ上での決闘、〝デュエル〟――。

それは、2014年のブラジルW杯で、私たちが嫌というほど痛感した日本の弱点だった。

あらためて、日本人にとって2014年W杯での敗北は、痛恨の極みだった。

初戦のコートジボワール戦、先制点を奪ったのは本田《ほんだ》圭佑《けいすけ》だった。

その4年前、２０１０年南アフリカW杯の初戦・カメルーン戦でも、値千金の先制点にして決勝点にもなった一撃は彼の左足から生まれた。

ペナルティーエリア内で長友《ながとも》佑都《ゆうと》のパスを受けると、流れるような身のこなしで左足を一閃。強烈な弾道がコートジボワールのゴールに突き刺さった瞬間、南アフリカでの快進撃の再来を予感させた。

しかし、日本はそこから一気に下り坂を転げ落ちるかのように、あっけなく大会の結末を迎えた。

コートジボワール戦の後半、チーム全体の重心が低くなったところを相手に突かれ、２失点。相手のパワーとフィジカルを押し出した攻撃に、一度消極的になった日本が反攻することはなかった。

続く第2戦目のギリシャ戦。尻込みしたコートジボワール戦の後半を自戒し、前半からボール主導権を握り前に出た。

さらに前半途中に相手選手が退場になり、数的優位の立場に。ただ、時間が経過しても相手ゴールネットを揺らせない。

内田《うちだ》篤人《あつと》が、大久保《おおくぼ》嘉人《よしと》が決定機を迎えても生かせず、無情にも日本はスコアレスドローの結果を受け入れるしかなかった。

後がない第3戦目のコロンビア戦。勝利が必須の一戦で、格上相手にも果敢に攻めに出た日本は、1点ビハインドの前半終了間際、本田のクロスに岡崎慎司《おかざきしんじ》がダイビングヘッドで飛び込み、一時は同点とした。

しかし、後半はまさに惨劇だった。攻撃に重心をかける日本の裏を突くように、コロンビアが鋭いカウンターを仕掛ける。

巧みなステップ、ドリブル、正確なパスで連なる速攻。それらを日本の守備陣は止めることができず、一気に3失点。

日本は、結局何の爪痕も残せぬまま、ブラジルを後にすることになった。

自分たちのサッカー

日本は、とても軟弱だった。

4年をかけてアルベルト・ザッケローニ元監督が仕上げてきたチーム。2010年から2013年までの期間では、アルゼンチンを倒し、フランスを退け、イタリアとも大善戦した。

しかし、あらゆる敵をなぎ倒していく勇猛な歩みを見せていたにもかかわらず、本番までのラスト1年でチームの勢いは急激に失速。

代表チーム史上、最も高い人気を誇った集団は、大きなうねりとなって寄せてきた国民の期待に、肝心のW杯で応えることができなかった。

ザックジャパンの終盤期のサッカーは、皮肉にも当初ザッケローニが思い描いていた絵とは違ったものだったと言われている。

イタリア人指揮官は、両サイドから縦方向を突き、日本人の俊敏性を用いたスピーディな攻撃を展開することを目指していた。

左右ワイドに置かれた攻撃的な選手がカギを握り、左にドリブルとアイディア溢れるプレーに長けたトップ下タイプの香川真司《かがわしんじ》、右にストライカータイプの岡崎慎司と、それぞれ本職ではない選手を起用した。

単調なサイド突破ではない、スピードと変化が伴う攻撃。それをボランチで支えたのが遠藤保仁《えんどうやすひと》と長谷部誠《はせべまこと》であり、そしてトップ下の位置で彼らを生かすためにタクトを振ったのが本田圭佑だった。

しかし、徐々に選手たちが「自分たちのサッカー」という文言を強調し始めた。それはベスト16には進出したものの、我慢と忍耐の守備的なサッカーを強いられた2010年南アフリカW杯での戦いぶりを鑑みての、選手たちの反動でもあった。

ちょうど、ザックジャパンの勢いに陰りが見え始めた時期と、それは重なる。そこから始まった試行錯誤。日本人が元来好みとするスペインスタイルのパスサッカー、いわゆるティキ・タカと呼ばれるプレーにトライすることも。

選手間の距離を詰めて、細かいパスで相手を打開していくスタイルに固執することで、選手たちは自分たちの判断で少しずつチームに漂ってきた閉塞感を打破しようと試みた。ザッケローニはこれに異を唱えた。ただ、空前の代表選手人気も相まって、チーム内での選手の存在感は徐々に増大していった。

代表の主力組の多くは、ちょうどその頃、普段はヨーロッパ各国のリーグで個人でも活躍し、誇らしく自信を前面に出すことも多くなっていた。

そして、本田を中心にした選手たちは指揮官と話し合いをし、最後は実際にプレーする選手の主張が、チームの戦い方となっていった。

結局、W杯でその「自分たちのサッカー」は通用しなかった。

本田が2014年までの4年間連呼し続けた「優勝を狙う」という強気なセリフも、残念ながら空虚さだけが後に残ってしまった。

日本サッカー、何より日本人選手自身が信じた自らの可能性。それがブラジルで木っ端微塵に砕け散った。

最後のコロンビア戦後、途方に暮れるように呆然と立ち尽くし、涙する選手たちの姿が、厳しい現実を表していた。

ハリルジャパン誕生

私たちは悟った。

「自分たちのサッカー」は、まだまだ軟弱だと。

パスをつなぐ、攻撃的に試合を支配する。それは世界の強豪国と比較した今の実力では、時期尚早だったと。そんな冷静な意見が、W杯後には多く飛び交った。

その後、ハビエル・アギーレ前監督体制で日本は2015年1月のアジアカップを戦い、準々決勝でUAE相手にPK戦の末に敗れた。

2011年の前回大会で優勝し、それがザックジャパンフィーバーの始まりだった。同時に、ここ数年の日本の自信の拠り所にもなっていたタイトルだったが、これでアジア王者の称号も失うことになった。

残念ながらアギーレが構築しようとしていたチームは、彼の個人的理由（スペイン時代の八百長疑惑がきっかけで、日本サッカー協会は彼を解任）で短命に終わってしまった。

確かに、攻守にバランスの取れたサッカーだったかもしれないが、その成功の可否は誰もわからぬままだ。

ブラジルでの傷は癒やされることなく、そのまま日本サッカー界に暗い影を落としていった。そこに現れたのが、ハリルホジッチである。

彼が前面に示したのは、日本が世界に突きつけられた弱点である、強さと激しさだった。

思い返せば、2010年南アフリカW杯で岡田《おかだ》武史《たけし》元監督が率いた日本の戦い方は、無骨だった。田中《たなか》マルクス闘莉王《トゥーリオ》と中澤佑二《なかざわゆうじ》という日本の歴代DFの中でも最高レベルのコンビが、受け身になりながらも相手の攻撃を跳ね返す。

その目の前では日本屈指のユーティリティプレーヤー・阿部勇樹《あべゆうき》が敵のスクリーンとなり、こぼれ球を拾っていく。サイドバック、サイドハーフも惜しみなく守備に奔走し、最前線では若き本田が体を張ってボールをキープし、ゴールに迫った。

泥臭く、汗水たらして戦い、手にしたベスト16進出。

確かに、過去のどのW杯よりも、日本は激しく戦った。

一方、ハリルホジッチが提示したサッカーもガツガツとした音がしてくるようなフィジカル重視のサッカーだが、彼が押し出した激しさとは、前に向かう意識だった。

南アフリカ大会のような受動的なディフェンスではない。積極的な守り、つまりボールと相手に襲い掛かっていくことで、試合の主導権を握る。

これまで日本人の中には、どこかボールポゼッション＝試合の主導権を握るという概念が強く存在した。それを、ハリルホジッチは「思い込みだ」と、真っ向から否定したのだった。

あの強烈に印象的だった会見から、3年が過ぎた。

今、日本代表は依然として沈滞ムードから抜け出せずにいる。

日本のデュエルの意識は、確かに向上した。

一つの球体を奪い合う。それはある意味、ボールスポーツの本質。

これまで日本サッカーがそこに蓋をし続けてきたのは、外国人よりも体格で劣るという不可抗力的な理由が大きかった。だからこそ、その他の能力を伸ばす道を選んできた。

ハリルホジッチはその本質から逃げることなく、正対して立ち向かう必要性を強く説いた。嫌なことと苦手なことから逃げ出さない。

弱い自分を直視し、成長に向けて取り組む。私たち日本人が第一印象でハリルホジッチの熱を好意的に捉えたのは、その正直さがあったからなのかもしれない。

しかし、意識だけでは相手を上回れないという現実にも直面している。外国の選手相手に体格勝負となれば、日本はやはり分が悪い。

特に日本人の中には、アジア各国レベルでも比較的細身で小柄な体格の選手もいる。欧州や南米、アフリカはおろか、韓国や中国といったアジアにも競り負ける試合が、代表でもクラブチームでも往々にしてあるのが現実だ。

弱点は、強化によって補うことはできるが、それをチームが誇る武器にまで伸ばしていくことはやはり難しい。

長所はあくまで初めから特徴としてあるもの。その維持、向上と並行して、短所を補っていく作業ができれば理想的だろう。

ただサッカーに限らず、長所のさらなる助長と短所の克服の併存は、言葉で語るほど簡単ではない。

ハリルジャパンは、過去の日本代表チームよりも組織的な集団ではなくなりつつある。特にピンチの場面で顕著に見られるのが、選手の守備連係やポジショニングの悪さ。

例えば、中盤より前で球際でのデュエルに負けると、簡単に防波堤は決壊し、一気に守備陣が敵の攻撃の波にさらされる。

そこで本来必要となるべき選手間の適正距離や、動きの約束事もあまり見られない。また一人の選手が前に奪いに行き、隣の選手が後ろの空間を埋める。そんなチャレンジ&カバーと言われる基本動作も、場合によっては乱れることもあるほどだ。

攻撃でも、ゴールが欲しい場面ではサイドからクロスを放り込むだけの単調な攻め一辺倒となる。デュエルで勝利し、その勢いのまま縦に速く攻撃しスペースを突ける場合はいい。

しかし、一度相手に引かれてスペースを消されてしまうと、途端に攻め手のアイディアは枯渇する。選手の連係は単発的で、個々の特徴頼みになってしまう。

ハリルホジッチのもと、デュエルで弱点克服に取り組む日本は、一方で本来武器にすべき連動・連係といった組織的プレーをなくしつつある。

アジア各国にも苦戦の連続となった今回のロシアW杯予選。近年、アジアの実力が拮抗してきているという現実はあるが、日本が弱体化しつつあるのは自らの振る舞いにも理由があるだろう。

日本人に最も適したサッカースタイル

私たちは、盲目である。

常に新鮮なものに飛びつき、隣の芝生を青く見ては、ないものねだりをする。

受け身になって守り倒したサッカーで結果を出すも、今度は逆にボールをつなぐサッカーで勝利を夢見る。

それが失敗に終わると自分たちの弱々しさに泣きじゃくり、次は強くたくましい肉体的なスタイルに望みをかけようとする。

サッカーの戦い方に、日本の方向性に、明確な正解はあるのか。答えもわからないまま、手探り状態。混迷真っ只中の日本サッカーである。

当然、いつか答えが見つかると信じて誰もが歩みを続けているのは間違いない。ただ、どんな方向性でもスタイルでも、目指すべきものとして一つだけ不変なものが存在する。

それは、勝利である。あたりまえのことだが、サッカーは勝負の世界。そのすべては、最後には勝つことを目的としている。そのために、あらゆる行動がなされる。

日本人のサッカーへの造詣は、年々深くなるばかりだ。関係者も、メディアやファン・サポーターも、今や戦術論や技術論を語れる人が多い。

建設的な意見も、いちゃもんも言う。国民皆監督。そんな強豪国にあるような文化が醸成されれば、素晴らしい。

ただ、私たちに欠けているものがある。それは、勝者の経験。

日本人に最も見合うサッカースタイルについて、やれパスサッカーだ、やれ堅守速攻だ、やれ攻撃的だ、守備的だと、意見を述べられる人はたくさんいる。

そのどんな戦い方でも、私たちは世界の舞台で勝者になったことがない。

勝利こそが、その方法論の確信を生む唯一の道であるならば、誰もその確信を得ることができていないのである。

だからこそ、私たちはまだまだ盲目であり続けるのかもしれない。あれはいい、これはダメと、勝利という最大の目的に到達するまで、方法論を模索し続けるしかないのだろうか。

正解は、わからない。

それはメディアやファン、日本サッカー協会関係者、そして日本人選手も同じだろう。きっと日本サッカー全体が抱える、勝つまでの禅問答――。

それでも今回、少しでも未来に光を見出し、同時に現存する課題や現実をしっかり噛みしめるためにも、「日本サッカーが世界で勝つにはは、世界の頂点に立つにはどうすればいいか？」この答えが本当にあるのかわからないテーマをもとに取材することを決めた。

サッカー取材を生業にし、10年以上が過ぎた。

サッカー記者は、一般紙やスポーツ新聞、専門誌所属の記者といった会社員や、フリーランスなどその立ち位置はそれぞれである。

「日本のサッカーファンは戦術が大好きだ」とよく言われるが、ジャーナリストの世界でも戦術的記述を得意とする記者やライターが多い。

書店のサッカー関連の棚に行くと、選手個人の名前で出されている人物モノと、この戦術モノと呼ばれる書籍が圧倒的に多い。

その中で、サッカー記者として長年やってきて、このプロローグに書いてきたような日本サッカーの大いなる疑問や問題点について私も当然考え続けてきた。

「どうすれば、日本代表は世界で勝てるようになるのか」

「日本サッカーが世界の頂点に立つには、何が必要か」

サッカー界ではあまりに漠然としすぎて、逆に誰からも真剣に語られてこなかったこの題材。

されど、サッカーファンだけでなく一般的なスポーツファン、さらには4年に一度のW

杯前後しか興味を持たないライトファンを含め、実は世間が一番知りたがっている、そしてもどかしく思っているテーマなのではないだろうか。

漠然としているからこそ、誰も書き記そうとはしないこのテーマ。

だからこそ、私はこれまでの自分の経験をもとに、真正面から取材し、記してみようと思ったのだ。

世界を知る者たちへの取材

今回、章立てて取り上げたサッカー関係者は4人。

ここ数年の日本サッカーを牽引してきた本田圭佑と内田篤人、そして元選手ながらその後のキャリアで独自の存在感を放っている藤田《ふじた》俊哉《としや》氏と戸田《とだ》和幸《かずゆき》氏だ。

雑誌や新聞など限定されたテーマのもとでの普段の取材では、聞くことができないような話でもあったため、今回は完全に私の独断取材からスタートした。

日本代表や海外クラブの第一線で活躍しながらも、内田と本田は真逆のサッカー観の持ち主ではないかという仮説を立てた上で、話を聞いていった。

取材を進める中、こうした私の行動を知ったさくら舎から本書執筆の機会をいただいたのは、実はこの2人への取材をした後のことであった。

と同時に、この取材を一冊の本にまとめるにあたり、現在の日本サッカーをある意味では近い距離で、またある意味ではオブザーバーのような視点でも語ることができる人間を探った。そして藤田、戸田の両氏にも取材をすることになった。

ここで語られたのは、いずれも普段の彼らのメディアへの出演や紙面の記事ではなかなか聞けなかった考えであり、さらに言うと哲学でもある。

戦術論、技術論、経験論……いずれもそれぞれに独特の観点があった。

この人たちを取材対象としたことに間違いはなかった。今、確信を持って本書を記すことができている。

そして、これまで人物モノを書くタイプだと思われていた私が、初めて真正面から日本サッカーについて考え記すことが実現した。アプローチとしては、自分の武器でもあった「人に寄る」というスタンスから、競技の細部を詰めていくというやり方を選んだ。

私の私見や語りよりも、記者という〝伝達者〟としての本分を発揮することを基盤に据え、その上で、著者として大切なエッセンスを加えていくことがよりサッカーの本質を理解できる作品につながると思ったからである。

日本サッカーの強化。それはつまり、日本人とこの競技がどのレベルまで深くシンクロできていくのか、その可能性とも言い換えられる。

そして彼らに話を聞けば聞くほど、いずれも競技の本質と人種や民族との関係性といった深い部分にまで入っていくところが興味深かった。

時にシンプルに、時に複雑に、そして熱を帯びて話を進めていった彼らが、何を語ったのか。

日本サッカーの可能性を真っ直ぐに口にした、そのすべてを書き連ねていく。

第1章　お金と血の掟

内田篤人——日本随一の「勝者のメンタリティ」を持つ男

日本サッカーが進むべき道——。このテーマを語るにふさわしい、ある選手の名前がはじめに頭の中に浮かんだ。

内田篤人。

言わずと知れた、日本を代表するサイドバックプレーヤーである。

2006年に静岡・清水東高から鹿島アントラーズに加入し、翌2007年から2009年までJ1リーグ三連覇を経験した。

日本代表には2008年1月にデビュー。2010年南アフリカW杯では大会直前にレギュラーから降格する挫折を味わったが、その後不動の右サイドバックとしてプレーし、2014年ブラジルW杯のピッチに立った。

豊富な運動量や果敢な攻撃参加が魅力。何より攻守あらゆる局面において、最適なポジショニングとプレー判断を選択することができるクレバーさが光る。

なぜ、内田にこのテーマをぶつけたかったのか。

それは、彼が日本人の中でも屈指の『勝者のメンタリティ』を持った選手だからである。

以前、内田はこんな言葉を漏らしていた。

「サッカーには試合の内容とか中身とかいろいろな視点があるけど、結局、最後は勝てばいい。みんな勝つためにやっているんだから。勝つことが、何よりも正義」

勝てばいい、勝つために、勝つこと――。

とにかく、「勝つ」というフレーズを繰り返した。女性人気の高い可愛げでクールな見た目だが、その素顔はどこまでも勝利にこだわる無骨さに満ちている。

鹿島では前人未到の三連覇に貢献した。

２０１０年夏に移籍したドイツ・ブンデスリーガのシャルケ04（以下シャルケ）では、世界トップレベルの大会『ＵＥＦＡ（欧州サッカー連盟）チャンピオンズリーグ（以下ＣＬ）』でベスト4まで進出した経験も持つ。

日本で、世界で、内田はどの日本人選手よりも、高みからの景色を眺めてきた。日本代表が、日本サッカーが、純粋に『強くなる』ために。

写真：アフロスポーツ

彼の勝利へのこだわりに、耳を傾けたい。

２０１８年1月、内田はドイツでの挑戦を終え、鹿島に復帰した。

２０１５年に膝の手術をして以降、長く苦しいリハビリの日々を送ったことは、サッカーファンにとっては周知の事実だ。

２０１７年夏にはシャルケからドイツ・ブンデスリーガ２部のウニオン・ベルリンに移籍。しかし新天地でも数試合の出番しか与えられず、彼は鹿島復帰を選択したのだった。慣れ親しんだクラブで自分の健在を示すため、そして２０１８年６月のロシアＷ杯を戦う日本代表に再び戻るために、新たにタフな戦いをスタートしている。

今回の取材は、鹿島に帰還する数ヶ月前に行った。

20～30年は世界に追いつけない

シャルケの本拠地であるドイツの地方都市、ゲルゼンキルヘン。中央駅から路面電車に乗り、20分ほど車窓を眺めていると、田舎街には似つかわしくないほどの巨大なスタジアムが見えてくる。

ホームに降り、階段を登ってスタジアム沿いを歩いていくと、広大な練習グラウンドが眼前に現れた。奥にある建物には、シャルケのクラブエンブレムが誇らしげに大きく掲げられている。

いかにもドイツらしい曇天の空模様の下、青いジャージを身に着け、ボールを追いかける大柄の男たち。その中に、一人線の細い黒髪の日本人がいた。

ブラジルＷ杯後の内田は負傷との長い戦いを強いられた。

右膝蓋腱炎《しつがいけんえん》という複雑なケガを負い、実に２年以上もブンデスリーガの試合を戦うことができなかった。

ようやく状態も戻り、再びサッカーに打ち込む日々。とはいえ、プレーできない長い年月は自分自身との苦闘だったため、はたして日本サッカーや日本代表といった大局的な話について、突撃取材で彼が考えを語ってくれるかが不安だった。

練習後の取材エリア。

この日は地元のドイツ人記者もいないため、閑散としていた。

内田が現れ、目が合う。久しぶりに対面したが、彼とこうして1対1で取材の場に立つことははじめてだった。

内田と親しい代表選手を普段から取材している関係で、お互い認識はしていたが、選手と記者の立場として1対1で対面することはこれまではなかった。

挨拶もそこそこに今回のテーマを彼にぶつけてみた。

最初の答えはこうだった。

「僕がずっとプレーしていないから、そういうテーマは話しづらいと思っていたんですか。いや、話しますよ（笑）。僕もプレーしてきた経験はもちろんのこと、ここ最近はピッチから離れていたことで、いろいろ気づいたり考えたりしていたこともありましたから」

前向きな返事だった。

勝つことの意義を知るこの男が考える日本サッカーの姿について、果たして何を語るのか。

ここから、言葉を紡いでもらった。


――2010年にドイツに渡って以降、CL出場やケガなど、酸いも甘いも経験した。その上で、世界の舞台で日本人として勝つためにどう戦いに向き合ってきたのか？

「まずは、ヨーロッパと日本では歴史が違いすぎるので。僕の肌感覚だと、少なくともあと20~30年はそんな簡単には追いつけないのかなというのが、こっちに来て戦ってきた実感です。

一つの流れとして、僕ら日本人も一時たくさんヨーロッパに移籍したじゃないですか。過去にもカズさん（三浦知良《みうらかずよし》）やヒデさん（中田英寿《なかたひでとし》）がイタリアに行って道を開いてくれましたが、僕らの代では長谷部（誠）さんが最初にドイツに行って、その後に本田（圭佑）さんがオランダに行って、（香川）真司とか俺とかもドイツに来た。

まだまだたくさんの選手が来たけど、それがここに来て少し流れが停滞していると思う。こっちに来ていない、もしくは来てもすぐに日本に帰ってしまう選手もいる。そのあたりは、ヨーロッパの環境も甘くないので。

ドイツ内での視線もそうだけど、日本人に対して『これぐらいのレベルのプレーができなければ必要ない』というドライな感覚はみんな持っていますから。特にドイツなど強豪国は下の世代からどんどん選手が出てきます。活躍するかどうか未知数な日本人を無理に多く獲得しなくてもいいという考えは、正直ありますから」

日本人は練習を大事にしすぎ

その中でも内田は、7年以上もドイツで過ごしたことになる。

長くやっていればいいというだけの話ではないかもしれない。それでも自分も含め、サッカー先進国が数多いヨーロッパに根付いてプレーする日本人選手の価値に触れた。

とはいえ、これはある意味今までも様々なところで語られてきた視点である。

実際にプレーする選手たちも、オブザーバーとして意見する見識者たちも、日本人がヨーロッパで勝負することの価値の大きさは誰もが理解、納得するところである。

しかし、内田はそんな一般的な考えはほどほどに、すぐに本質的な話に入っていった。

忌憚なく自分が感じてきたことをストレートに表現する。竹を割ったようなさっぱりとした物言いが、確固たる考えを持っている自分自身のスタンスを殊更強調していた。

「自分で言うのもおかしいかもしれないですけど、勝つことで得られる成功体験は、僕は他の日本人選手よりもあるのかもしれないです。

一つ、いつも思うことは、日本人は練習を大事にしすぎるところがある。何て言うんですかね……すごく順序を大事にする。練習するから、勝てる。この順番を信じている。でも、強いチームは試合で勝って、結果を積み重ねていくことで良くなっていく。物事の道理からは矛盾するように聞こえるかもしれないですけど、実はその順番は逆なことも結構ある気がするんです。

例えば、鹿島（アントラーズ）は練習もしますけど、自分たちの調子が悪かろうが、相手のレベルが下だろうが、とにかく勝つことで波に乗っていくイメージが強い。

逆に、これは日本代表とか一般的な日本のチームがそうなのかもしれないけど、例えば大事な試合を前にして、みんなすごく話し合いやミーティングをするじゃないですか。ブラジルW杯の初戦の数日前とかも、みんな選手たちが集まっては、たくさん話をしていた。

でも僕は、少し違和感があった。ここまで4年間、積み重ねていたものがあった。試合まで時間がない中、今さらいろいろ悩んで試行錯誤しながら話す必要があるんだろうか。でも、そこで僕はあまり周りには言わなかったんですけど……。

選手たちがここに来てそういう行動をとるから、ザッケローニ監督も『みんなどうしたんだ』という感じになっていた。

僕はサイドバックでポジションが一番後ろの隅っこなので、いつも全体を見ることができる。もっと今までやってきたことを、自信持って出していこうよ。そう感じていました」

やれる準備はすべてやる

――日本人の感覚として、話し合うことやディスカッションすることが目的となっている、それがただの安心感につながっているだけということなのだろうか？

「それもあると思います。話し合いをしすぎるところがある。だからドイツでいつも思うんですけど、僕、ドイツ語の細かいニュアンスまではわからないんですが、その方が楽ですから（笑）。

日本人はいろんなことを理解しようとしすぎて、頭でっかちになってプレーしてしまう傾向があると思います」

――さっき話していた、勝つことでチームにリズムが生まれ、強くなっていくという順序について。一方で勝つという結果を得るためには、戦術も個人の力も必要になる。勝つリズムに乗せていくために事前に必要な準備や作業もあるのでは？

「正直、勝つには運もたくさん必要だと思いますよ。勝負事は、すべて理詰めでは語れない。

選手個人も、いわゆる〝持っている〟、〝持っていない〟ということだって関係してくると思う。もちろんある程度一線でやっている選手でも、日本代表とブンデスリーガ、さらにはCLの上のステージまで行く選手たちとでは、またその次元が違う話にはなってくるでしょうが。

どんなチームや個人でもうまくいっている時だって、負けることもある。うまくいっていなくても、最後に点が入って勝つ時もある。

常に勝とうと思っているから、勝率も上がっていくという世界ではないんですよ。試合の行方や勝敗なんて水モノ。どうなるか誰もわからない。

今まで日本代表としてW杯アジア予選も戦ってきましたけど、『あの試合のあのシュートが決まっていたら』とか、『俺やあいつがあんなミスをしなかったら』とか、そんな場面がたくさんあった。

一番思うのは、『あそこであのミスがなくて勝っていたら、チームは勝ち癖をつけられたかもしれない』ということ。一見わかりにくいですけど、試合の中にはそういうチームの流れを作る上でのターニングポイントになり得る瞬間が、結構たくさんあるんですよ。

そこで大事になってくるのが、それぞれ時の運や流れがある瞬間で、しっかり嘘のないプレーができる状態でいられるかどうか。

『何をしたら勝てるのか』という質問に対する答えは、正直僕もまだまだわからない。これまで何回も勝利を経験してきたけど、これをやれば勝てるという絶対的な要素はない。だからこそ、戦術もコンディショニングも、個人のスキルアップもメンタルアップも、とりあえず全部嘘なく取り組んで準備する。これしかないと思います。

日本の皆さんは、なぜ鹿島が強いのかという疑問をよく持っていますよね。鹿島の選手たちは、いつの時代も間違いなくこの準備は全部やっています。チームだって強い時期も勝てない時期も経験しているからこそ、そこで嘘なく取り組む大切さを痛感している。

何をやったら勝てるのかではなくて、その答えがわからないから、全部やるんです。それをやっていないチームや選手が、『試合に勝てるかな』と思う資格はないのかなと思います。やれる準備は全部やって、あとは結果が出るかどうか。それで勝てない時だってあるわけですから。それは自分がドイツに来てからも、変わらない考えですね」

——日本が強くなる云々以上に、それはどんな国やチームにとっても当てはまる、勝利することへの本質的な観点に思える。

「そうですよね。別に根性論を言っているわけではなくて。技術も戦術もメンタルも、全部準備が必要です。今、日本代表でも世代交代が叫ばれていて、若い選手とベテランが比較される。戦い方もポゼッションかカウンターか、いろいろ極論を戦わせている気がします。僕は若手もベテランも、パスを回すことも縦に速く攻めることも、全部必要だと信じていますね」

鹿島アントラーズが常勝軍団になるまで

勝利への筋道を語る。それはすなわち、内田にとっては自身のサッカー観とも重なっていく。

彼の口からは、自ずと〝鹿島〟の二文字が出てきた。クラブを離れ、7年以上。今でもその頭脳と体には、そこで学び身につけた意識、価値観、そして自信が染み付いている。その後、内田が引き寄せられるかのように古巣に復帰していった姿を見て、この時の言葉が思い出された。

2016年12月に日本で行われた、FIFAクラブW杯。世界各大陸のクラブ王者が集い戦う舞台で、鹿島は日本勢では初めて決勝に進出した。相対したのは、ヨーロッパ王者のレアル・マドリー（スペイン）。一時は鹿島が2点を奪いリードするまでの展開となったが、最後は延長戦の末に敗れ、惜しくも準優勝となった。

内田は、この一戦に触れながら、鹿島の本質について語っていった。

「レアル戦、あったじゃないですか。あの試合、鹿島は頑張っていましたけど、レアルからすれば忙しい時期に何で日本にまで行って試合をしないといけないのかというテンションだったと思うんですよ。

率直に、それがヨーロッパの選手たちの感覚でもある。彼らにとってはＣＬや国内リーグが大事。それでも、最後は優勝してしまった。

鹿島もいい戦いをしたけど、やっぱりレアルはなんだかんだ言って負けない。鹿島も日本では勝負強い。でもこの結果は簡単に世界と日本との差を表していると思います。

むしろ、あの時僕が注目したのはレアル戦の結果よりも、鹿島が準決勝で勝ったこと。相手（コロンビアのアトレティコ・ナシオナル）はすごく強いチームだった。でもさっきのレアルではないけど、そこにしぶとく勝ったわけです。すごく鹿島らしかった。

でも、レアルのレベルになれば、正直まだ真剣勝負するまでの相手ではなかったということだと思う。それが、日本の現実です」

――そんな鹿島の現状を、どのように見ているのか。

「なんでしょうかね……でも僕のことは抜きにしても、鹿島って勝つことで今みたいな日本での立ち位置のクラブになった。何か他の要素があって勝ち癖がついたのではなく、ただ勝ってきたから常勝軍団と言われるようになったんですよ。正直、それはものすごく紙一重な話で。例えば（川崎）フロンターレなんかも当時はいいチームだったし、僕らが三連覇した時は彼らが勝ってもおかしくなかったこともあった。そこで優勝していたら、フロンターレはきっともっと強豪になっていたと思います。

でも、鹿島はあそこで負けなかった。負けていたら燻っていたかもしれないけど、勝ったから今の地位がある」

内田がライバルとして挙げた川崎F（フロンターレ）。奇しくも、2017年J1リーグは、最終節で首位に立っていた鹿島を川崎Fが上回り、悲願の初タイトルを獲得した。

勝負強さを売りにしていた鹿島が、遂に後塵を拝したという事実。それが、鹿島復帰に向けて内田の背中を押した理由の一つかもしれない。

話は続く。

小笠原満男

――勝ち続けるチームに対して、周囲はどうしても明確な理由を求めてしまうものでもある。

「それが、ないんですよね。勝ってきたからそう聞かれるけど、困る。『勝っちゃったんだもん』みたいな（笑）」

――一つ感じることは、鹿島は先輩の選手も含めてとにかく勝つ戦いをしてきたからこそ、どこよりも勝利の妙味を知っている。みんなどこのチームも選手も勝ちたいのは当たり前だけど、妙味を一番わかっている鹿島の勝利に対する貪欲さは桁違いなのではないかと感じる。

「もちろん、在籍している選手のレベルも常に素晴らしいですから。あとは、ジーコからの精神が続く中で、今の鹿島は何と言っても小笠原満男《おがさわらみつお》だと思います。大きな存在。満男さんが現役を引退する時は、チームも一つの過渡期を迎えるのは間違いないですね。その時に、僕が鹿島にいられるかどうかはわからないですけど。海外を経験した大迫《おおさこ》（勇也《ゆうや》）が鹿島に戻っているかもわからないですけど」

――ただ、そうした鹿島の伝統や血は継承したい思いはある？

「したい。したいですね。でも、僕は満男さんには絶対になれないから」

内田について、これまである疑問を抱いていた。

いつだって、自他を冷静沈着に見つめられる。さらに、勝つことの味を誰よりも知っている。彼こそがキャプテンにふさわしいメンタリティの持ち主なのではないかと、以前からあらゆるところで言われてきた。

それにもかかわらず、冒頭で話したブラジルW杯での出来事のように、内田は周りの味方やチーム全体に向けて、必要以上に自分の主張をしてこなかった。

ただ、小笠原満男という名前を聞いて、ふと思った。

普段は寡黙ながら、ベテランの域に達した今でも遮二無二プレーするその姿勢と、その背中——。彼の説得力のある所作と存在自体が、現在の鹿島の面々を勝利の精神の下で束ねている。常勝鹿島と謳われる、大きな理由の一つなのだろう。

これまでも内田は自身と「キャプテン」という立場について、メディアにも語ってきた。ただ、自分のスタンスを180度変えてまで、いわゆる言葉や指示を通して熱く集団を牽引する、ステレオタイプなキャプテンシーを表現することはないだろう。

多弁はしない。オーラをまとい、静かに戦う。

それがあくまで内田の、タフな姿のように見える。

勝ち運を引き寄せる方法

——これまで、内田篤人という選手がなぜ先頭に立ったり、キャプテンを務めることがなかったのか、少し理由がわかった気がする。周りにたくさん話したり意見することだけが、勝利に必要なスタンスではないという考えが伝わってきた。

「そう、そのとおりです。僕の考え方をみんなに注入する。それが勝つこととイコールではないですから。それで勝てるなら言っていますけど、僕はあまりキャプテンが誰かとか、しゃべる選手が誰かとか、関係ないと思います。

チームなんて、生き物ですから。ということは、集団が同じ価値観やサッカー観を自然に多く共有できた時は、強くなる。その価値観共有のバロメーターが下がった時は、弱くなるだけ。

でも、その下降した時にいかに踏ん張れるか。そこで必要なのが、勝ち点3。結局、選手がまとまるからチームが勝つんじゃない。逆なんですよ。勝つことで、みんなまとまっていくというものです。

鹿島なんて、みんなほとんど何も言わないですよ。決められた時間にグラウンドに来て、練習して帰る。そして試合で勝って、帰る。みたいな感じの繰り返し。

悪い流れになった時期は、まんさん（鈴木満《すずきみつる》・常務取締役強化部長）や満男さんが一言、『やることは変わらない。続けよう』と言うだけ。それで、勝ってきたんです。

鹿島には、『俺たちがやっていることは間違っていない』という根本的な自信が脈々と受け継がれている。さっきから話していますけど、何をやれば勝てるかはわからなくても、全部準備していますから。

勝てない時期も、自分たちのクオリティを信じている。その前向きな姿勢だけで、勝運はかなり引き寄せていると思いますよ。

例えば、シャルケは以前は強かったですけど、最近はそのあたりが弱くなってきている

（新たにドメニコ・テデスコ監督が就任後、チームは好調を取り戻している）。能力のある選手は揃っているけど、ビビりが多い。シャルケのサポーターは負けるとブーイングが激しいんです。

今の選手たちは、ブーイングされるとすぐにボールを受けたがらない。僕は全然怖くない。ドイツ語の野次もわからないし。でも試合でビビる選手が、練習では威張っている。そういうのを見ていると、口でしゃべってサッカーをするものじゃないなと思うんですよね。

シャルケも強かった時期は、みんなしっかり自信を持っていた。ラウールなんて余計なことをしゃべらなかった。黙々と手を抜かずに練習する。それを見て、若い選手がサボったりヘラヘラすることなんてできないですから」

ラウールと小笠原は似ている

ラウール・ゴンザレス。元スペイン代表で、レアル・マドリーでもエースを担ったストライカー。世界のサッカー界で、一時代を築いた選手の一人である。

内田がシャルケに移籍した頃、ラウールはチームの看板選手だった。ヨーロッパに渡り、トップレベルでの挑戦が本格的に始まった当時、すぐ隣には最高のプロのお手本が存在していた。

日々、ラウールの行動を目で追っていたという。決して、周りの選手に口やかましく言うことはない。自分の輝かかりしキャリアを盾に、意見することなどしない。

それは誰かに重なるかのようだった。そう、小笠原である。

「満男さんとラウールは、似ていたと思います。だからきっと、僕はしゃべりすぎる人は、あまり信頼しないのかもしれないです。いろいろ周りに言ってしまう人って、きっと気持ちが弱いのかなって。

『自分たちはちゃんと話し合って、建設的なことをしている』。そういう事実にもたれかかってしまっているところがあるんじゃないかと。

でも、僕なんてこれまでで一番いいコンビを組めた自信があるファルファン（ペルー代表）とは、ほとんど深い話なんてしなかったですから。あいつも僕もドイツ語はあまり話せないし、もちろん僕は彼の母国語のスペイン語もわからなかった。

ただただ、アイコンタクトでプレーして、相手を崩していっただけ。それで試合が終わった後、『疲れたね。明日練習何時？』って話して終わり（笑）。あいつの電話番号もメールアドレスも知らない。それでも、サッカーはできるし、試合に勝てますから」

お金と血

話が進む中、今度は突然内田の方からおもむろにこんな話を明かしてくれた。

「東京で膝のケガのリハビリをしている時に、同じジムでトレーニングしていた大学生から卒論研究の話を振られたことがあって。漠然と『どうしたら、日本サッカーは強くなるんでしょうか？』と聞かれました。

そこでこう答えたんですよ。『お金と血が大事』と。実際に海外のチームや選手たちと対戦し続けて感じた、率直な意見です」

奇遇にも、今回のテーマと同じような話題を、内田は若者から振られていた。それに対して、一般のファン心理など関係なく、彼らしくズバッと忌憚なく答えたあたりが、やはり面白い。

「日本は島国なので、混血の人は比較的少ない。でも世界の国々にはたくさん混血の人間がいる。もちろんサッカー界なんて、強豪国には多いですよね。僕、ドイツでプレーしてきて今でもビックリするのは、身長190㎝以上で僕よりも速い選手がたくさんいるんですよ。

アフリカンの血が入っている選手は特に身体能力も僕たちとは比べ物にならないほど違う。そういう選手が11人いるチームと、僕たちのような身体能力の選手が11人のチームが戦う。普通に勝負したら、絶対に勝てないです」

ふと、頭に思い浮かんだ選手がいる。

田中マルクス闘莉王だ。

彼は日系ブラジル人だが、性格はある意味日本人よりも日本人らしい。しかし、身体能力や体つきはやはり外国人。だからベテランと言われる今になっても、日本人と圧倒的な差を見せつけることができている。

未だにJリーグでは、彼のヘディングは鬼に金棒だ。

「トゥーさん（闘莉王の愛称）は助っ人レベルですよ。強豪国には、ああいうタイプの選手がたくさんいる。こういう話をすると、元も子もないと言われてしまうんですけど。でも、そういう中でもどうやって日本が世界と戦っていくかという観点から、例えば（イビチャ・）オシムさんが代表監督の時は『考えながら走ってプレーする』というスタイルをやろうとしていた。日本人らしいテクニカルな選手が、頭を使って相手より走り勝つという考えだった。

そこからスペインが強くなった時代は、日本も今度はスペインみたいなパスを回す戦い方を目指すようにもなった。

でも結局、日本人がこれをやったら世界と渡り合えるみたいな明確なスタイルは、まだできていない。僕たち選手も、そこはまだ手探りですよ。

どっちにしても空中戦では体格の大きい相手には勝てない。きっと日本人は技術で勝負するしかないんだろうけど、スペインやドイツのトップレベルの選手は日本人より断然テクニックもある。だから、勝る部分は何なのか……と考え込んでしまいますね」

——世界の高い壁を前に、ある意味これまでは個人的に開き直ることもしてきたのか、それとも毎回悔しさを噛み締めているのか？

「もう対戦すればするほど、周りの選手を見て『こいつら、本当にタフだな』と思いますし。さらに下の世代からもどんどんすごい選手が出てくる。開き直るというよりも、日々驚いてばかりですよ。それはヨーロッパに長くいればいるほど、感じますね」

——最初に話していた、「日本が世界に勝つためには、まだ20～30年は必要」という考えも、そうした肌感覚から来ていると？

「そうですね。30年でも足りないかもしれない。勝負事だから、一度や二度は勝てると思いますよ。でも確率論的には、10回戦って8回は負けるぐらいのレベルだと思います。今、その勝率を飛躍的に上げていくことは正直現実的には厳しい。でもサッカーは何が起こるかわからないので、少ない勝機を生かして番狂わせを狙うのが、今の僕らの目標になってきます。

血ともう一つ、お金と言ったのは、主にクラブレベルの戦いにおいてです。今やサッカーは完全にビジネス色が濃い。スポーツとの割合は半々だと思います。一人の選手に何百億円という移籍金が動いてしまう。競技面だけを磨いて勝てる時代ではもうないですね」

——では今、日本代表のハリルホジッチ監督が目指しているサッカーは、さっき列挙してくれたこれまでの日本のスタイルとはまた異なるものでもある。球際でのデュエル（フランス語で決闘の意味。サッカーでは転じてボール際の争いを表す）や縦に速い攻撃が強調されているけど、世界と戦う上であの戦い方を率直にどう見ている？

「僕はハリル監督が就任した最初の頃は何度か練習にも参加させてもらった。監督が常に言っていることは、現代サッカーでは本当に当たり前で、必要なこと。

パススピードを上げて、前からプレスをかけてショートカウンターを狙って。それはドルトムントの戦い方が代表例だけど、シャルケでもどこでもやっている。ただ、日本はまだそれが高いレベルではできていなかったということだと思います。

あくまでこれは僕個人の感覚ですけど、代表だけであのサッカーを体感しているだけでは伸びないと思います。海外に出て、どれだけ日々のチームの練習や試合でやれるか。ハリル監督が目指しているのは、これまでの日本のように組織的なプレーだけで逃げるやり方ではないということだと思います。あのサッカーをするためには、もっと日本の選手が個で戦えないと厳しい。その方向性にいろんな意見はあるでしょうけど。

きっとハリル監督は日本人の選手を見て、ビックリしたと思います。特に球際で戦う意識の低さについては。だからJリーグの試合に対して、いつも厳しい意見を言っていますよね。正直、僕もドイツに行くまでは日本で一生懸命やっていたつもりだったけど、こっちに来て全然足りないと思いました」

サッカーの勝負の本質

日本人のサッカー美学。以前はパスを出すプレーに長けたMFがJリーグや日本代表にたくさん輩出された時代があったように、多くはスペインや南米のようにボールを流れるように回す攻撃的なスタイルを好む傾向がある。

バルセロナのような爆発的な攻撃力のあるスペインのチームは、今でも日本国内で人気を誇る。フィジカルサッカーが本流のイングランド・プレミアリーグにおいて、常にパスサッカーを志向するアーセナルを熱く支持する日本人ファンも多い。

また90年代には、ルイ・コスタやフィーゴといった、パサーやテクニシャンが揃ったポルトガル代表が一世を風靡した時期もあった。そして守備の堅さが最たる武器であるイタリア代表が日本で人気を博したのも、ロベルト・バッジョやアレッサンドロ・デル・ピエロ、フランチェスコ・トッティといったファンタジスタと呼ばれる天才プレーヤーが、その火付け役になっていた。

ただ、そうした強豪国には、華麗なプレーの裏側にタフで泥臭いプレーも存在しているのが現実だ。それを、ハリルホジッチ監督は「これまでの日本に決定的に欠けていた部分」と言う。彼にしてみれば、ある意味我々はサッカーのキレイな部分しか見ようとしてこなかったと言えるかもしれない。

内田はその日本人の特性を、独特な観点で語った。

「それは歴史が関係しているのかもしれない。今の日本は、戦争に対するアレルギーがやっぱりありますよね。個人間でも激しく戦ったり、主張したりすることを避けるというか。それは国が歩んできた過去から来ることかもしれないし、仕方がないことでもある。

でもサッカーの勝負は、戦争に近い。だからいろいろ考えれば考えるほど、日本人はサッカーで勝てるのか？　と思ってしまう。勝負の本質を辿ろうとすれば、本当にそこにぶつかる。日本人は根本的に戦うことが嫌いだし、相手を攻めるのではなく、自分を守りますから。

僕が幼稚園に通っていた時にJリーグが誕生しました。でもシャルケができたのは1904年。それだけ歴史の差があるけど、その割には僕たち日本人はW杯でも頑張って戦っているし、奮闘していると言えるのかもしれないですね。

今、ハリルさんが代表でやろうとしていることは、サッカーには不可欠なこと。球際に勝つ。局面の勝負に勝つ。本当に言っていることは普通のことで、なおかつそこから逃げずに勝とうとしている。

ザックさん（ザッケローニ元日本代表監督）も勝とうとしていたと思うけど、ハリルさんよりもサッカーの理想の部分を大事にしたところもあった。でもハリルさんは、とにかく勝つ。良い悪いは別にして、そこしか見ていないと思います」

本田圭佑のこと

ザッケローニ元監督の名前が出てきたので、体制当時の印象的な出来事に触れてみたい。

2010年秋に監督に就任し、2011年1月に行われたアジアカップでいきなり優勝に輝くなど、ザックジャパンは幸先よいスタートを切った。

時は、日本人選手のヨーロッパ移籍ラッシュと重なり、2002年から2006年までを戦ったジーコジャパン（中田英寿、中村俊輔《なかむらしゅんすけ》、小野伸二《おのしんじ》、高原直泰《たかはらなおひろ》、稲本潤一《いなもとじゅんいち》らがプレー）時代以来、代表選手の中に海外組が増えていく傾向が強まっていった。

好調な成績と、サッカー最前線の舞台・欧州で活躍する海外組の存在。ザックジャパンは日本代表史上、最も高い人気を誇るチームへとなっていく。W杯予選もいくつかの山を乗り越えながら、最後はブラジル大会出場を決めた。

しかし、本大会まで1年を切ったあたりから、右肩上がりだったチーム状況は徐々に下降線を描いていく。固定化された選手起用や、お決まりのパターンのみの攻撃など、いつしかプレーする選手たちもマンネリを感じるような事態に陥ってしまった。

２０１３年10月。日本はヨーロッパに遠征し2試合を戦った。１試合目のセルビア戦で力なく敗れ、選手たちもあらためて自分たちの停滞感を突きつけられてしまった。

そして迎えた、ベラルーシ戦。突如、攻撃陣がこれまで展開してこなかった戦い方を実践する。

両サイドが開いた状態で相手を押し込んでいくザッケローニ監督のスタイルではなく、中盤から細かいパスをこれでもかとつないでは、ひたすら中央突破を仕掛けていく。バルセロナのような連係とテクニックがあれば悠々と相手を崩せただろうが、日本の選手たちは意識だけはパス交換に傾きながらも、効果的に敵陣を切り裂くことはできなかった。

結局試合にも敗れ、トライは失敗に終わった。閉塞感漂う中、選手たちが選んだのは自分たちの理想を前面に押し出したプレー。ただそれはヨーロッパの中堅国相手に、通用しなかった。

理想と現実。

サッカーでは、勝利に向けてこの二極論が常に語られ続けている。

プレーや試合内容にもこだわり、なおかつ勝利も得ようとする理想論者。

内容を追い求めるよりも、不格好でもいいから愚直に勝ちを奪いに行く現実論者。

ここまで話を聞いてきて、あらためて内田は現実側の選手であることが理解できる。

ベラルーシ戦、当時自分たちの理想をぶつけようと旗頭になったのは、本田圭佑だった。

結果を受けて、内田はその戦いぶりに違和感を覚えたという。

本田は理想をとことん追求する男だった。常日頃から、明確な目標を掲げ、さらにその先に夢を掲げる。ピッチ内外での多彩な行動ぶりに、もはや多くの説明はいらないだろう。

ただ客観的に見ても、このベラルーシ戦の攻撃と本田ら攻撃陣のプレーは、あまりにも強引な選択だった気もする。当時、現地で取材をしながら、彼らがどこか自分たちの欲でサッカーをやっていたように映ったのは否めなかった。

内田も、冷静にあの当時を振り返った。

「あの遠征は、確かに一度チームがバラバラになってしまった瞬間でした。本田さんは、僕とはサッカーの考え方が少し違う選手だと思います。それはもう、外から見ている人たちもすぐにわかるぐらいのレベルですよね。本田さんって、すごく目標が高い選手なんですよ。夢もたくさん持っているし。そこは自分なんてもう比較にならないぐらい。

一方で僕はあのベラルーシの時もそうだったけど、世界と勝負をする時に『俺ら、まだそんなに強くないけどな』と思うことが結構あります。後ろ向きに取られる場合もあるかもしれない。でも後ろ向きではなくて、それが日本の、日本サッカーの現実だと僕は思っている。それをわかって戦うことの方が、勝てる確率が上げられるとも考えている。

僕も含めてサッカー選手って、結局は自分が試合に出たいし、自分が結果を出したい。だから自分を正当化してやりたいプレーをやろうとしがちになってしまう。でも、僕が思うのは、それだけでは勝負には勝てないということ。

本当にサッカーにはいろいろな考え方がある。それは間違いない。監督も選手も、テレビで観ている人だってそれぞれ思うところがある。それがサッカー」

そこまで語ると、今度は内田から逆に質問された。

「記者の立場から見て、日本のサッカーはどうあるべきと考えているのか、聞かせてくださいよ」

突然の振りに、思わず困惑してしまった。

「うーん……」と言いながら、沈黙の時間が流れる。目の前には、あのハンサムな顔立ちの男が、少しニヤニヤしながら答えを待っている。

勝てば官軍

本田の名前が出てきたので少し触れさせてもらうと、私は本田が名古屋グランパスでプレーしていた時代から取材をしてきた。その後、オランダ、ロシア、イタリア、そして2017年新天地としてメキシコに移ったその過程で、彼の考えにも触れ、理想を追い求める姿勢に胸を打たれることもたくさんあった。

一方で、なぜ今回内田に話を聞きに行ったかと言えば、サッカーを取材していく中で、自分の中にある疑問が生じることが多くなっていったからである。

それは、日本のサッカー界は理想側に針が傾いている人間が多いのではないか、ということだった。

シビアな勝負の世界で勝っていくために、試合内容を度外視した娯楽性のない現実的な方策を選択することが、『つまらないサッカー』や『味気ない戦い方』と、揶揄されることがある。現場で取材を続ける中で、そんな声に直面することは少なからずあった。

2010年のことだった。

その年、名古屋グランパスは初めてＪ１王者に輝いた。

２００８年にクラブＯＢのドラガン・ストイコビッチ（愛称ピクシー）が監督に就任すると、徐々にチームは力を付けていく。10年シーズンを迎えるにあたり大型補強を敢行し、浦和からは闘莉王、大分からは若かりし金崎《かなざき》夢生《むう》が加入し、リーグ屈指の豪華陣容が実現した。

闘莉王が日本人ＤＦの頭上からヘディングを叩きつける。前述したような強烈なプレーを、私は名古屋担当の記者として生で目にしていた。

さらに最前線には元オーストラリア代表ＦＷで身長１９４㎝のジョシュア・ケネディ、中盤には元コロンビア代表ＭＦで身体能力抜群のダニルソンと、日本人の質と量を凌駕した助っ人陣が存在感を発揮。

そこにテクニックとドリブルに長けたＦＷ玉田《たまだ》圭司《けいじ》やＭＦ三都主《サントス》アレサンドロ、そして最後尾にはＷ杯に４度出場した経験を持つ守護神、楢崎《ならざき》正剛《せいごう》が君臨。彼ら日本代表経験者がチームに彩りを加えた。

ピクシー率いる名古屋の十八番の攻撃は、クロスやセットプレーからのボールに、ケネディや闘莉王が頭で合わせる形だった。彼らの空中戦の強さは、国内では〝反則級〟。

この攻撃を連発し力業で相手を倒す戦い方に、見識者やサッカーファンが否定的な意見を持つことが多々あったのである。

結局、名古屋はこのシーズンに優勝した。記者として、タイトルから程遠い時代からチームが徐々に変化し、遂に頂点に立つまでの進化と成長に触れることができた。タイトルに輝いた選手たち、そして力でねじ伏せるような戦い方を目にして、感じたこと。

それは、勝利、勝者の尊さ、だった。

お金をかけて有能な選手を多く獲得し、さらに敵の日本人選手に対して体格と身体能力で勝るタレントを前面に押し出し、勝ち点を奪い取っていく。

それを「品がない戦いぶり」と見る人もいた。

しかし、内田が話したように、サッカーの勝負はある意味戦争でもある。ルールから逸脱さえしなければ、そこに手段の良し悪しなど存在するのだろうか。

勝利は勝利。優勝は優勝。

もちろん勝ってもなお抱える課題には目を向ける必要があるが、あの当時の名古屋を見てからは、勝つことに対する私の見方も変化していった。

そんな、私の経験談を内田に話していった。するとこう返してきた。

「だから、やっぱり『血とお金』なんですよ。サッカーで勝つためには大事です。日本人はそこに蓋をしてはいけないし、目を背けてもいけない。綺麗事では勝てないですから。

あと最後に、僕も『勝てば官軍』という考え方です」

現実的な思考と志向。それを駆使し、したたかに戦う。勝つことへのこだわりについて自分の言葉を紡いでいった内田篤人。クールな表情で、語る内容も落ち着いている。ただ瞬間、瞬間で垣間見せる確信めいた考えや自信は熱を帯びている。その両面の絶妙な混ざり具合がサッカー選手としての何よりの魅力である。

監督のキャラクターも選手のプレー内容も、猪突猛進な印象が強い今のハリルジャパン。そこに指揮官の取り組みを理解しながらも、誰よりも〝静かに戦える〟男が帰ってきたら――。日本代表に与える影響は計り知れないだろう。

そして鹿島で、内田がどんなサッカー人生の続きを描いていくのか。勝つことにこだわる姿勢は、気概に溢れている。

第2章　理想主義的現実論

本田圭佑という真剣勝負

いったい、これまで彼の声を求めて、どれだけの数の地を訪れてきたのだろう。

プロとしてのキャリアは名古屋から始まった。

２００７年12月、名古屋グランパスでの最後の試合となった地は、なぜかあまりサッカーに縁のない島根だった。

名古屋担当だった私は日々練習場や試合会場に行き、取材を続けていた。生まれて初めて島根に行ったのも彼を追いかけてだった。

当時から人並み外れた言動や思考が際立っていたが、それは海外に活躍の場を移してからさらに加速していく。

自身の成功を追い求め、オランダ、ロシア、イタリア、そして昨夏にはメキシコへ。さらに、今やサッカー選手だけの顔ではない彼は、オフの期間も精力的に世界を動き回り、アメリカやアジア、さらにはアフリカにも足を伸ばす。

本田圭佑。彼の取材はどこに行っても至難を極める。

メディアの人間と距離を近づけ、予定調和な形で取材を受けることなどは皆無。誰よりも自分の発言を大切にする男は、それを求めてやってくる人間にも、ある意味〝真剣勝負〟を挑んでくる。

誤解を恐れずに言えば、本田の取材はインタビューや会話ではなく、どこか勝負に近い。

彼と相対し話すことはいつまで経っても慣れない。そこには適度な緊張感が存在する。ただ、記者の端くれとして、導き出してきた言葉やコメント、そこに付随する空気、それらが現在、取材者としての自分への少なからず確信につながっていったところがある。本田の言葉には熱がある、重みがある。彼には常に世間から賛否両論の声が投げかけられる。だからこそ、いつだって、私はその胸の内を引き出そうとしてきた。

そんな思いはさておき、今までの過去の取材で、印象的だった本田の言葉はたくさんある。そのいくつかを紹介したい。

２０１０年南アフリカＷ杯で、本田は2ゴールを挙げて一躍日本代表のエースに上り詰めた。その後発足したザックジャパンでは、完全に中心選手としてチームを牽引する。そしてあの有名な発言が語られる。

次の２０１４年ブラジルＷ杯で「優勝を目指す」と公言したのである。

写真：MEXSPORT/アフロ

日本が世界一になる。その目標を嘲笑する者もたくさんいた。

もちろん本田は、周囲の視線に一歩も引かない。

2010年から14年までの4年間、彼が発していった熱量はハンパなかった。

ロシアの強豪CSKAモスクワに在籍していた当時、スペインの山奥で行われたキャンプ取材に出向いたことがあった。

羽田からロンドンで飛行機を乗り継ぎ、スペイン東南部のアリカンテ地方へ。機内は、地中海のバカンスを求める富裕層で溢れかえっていた。

ムルシアにある小さな空港に降り立ち、そこからさらに車で約1時間。

着いた場所は山を切り開いた広大な土地が広がるスポーツ施設だった。

本田は通常のチーム練習以外に、他の選手に隠れて自主トレーニングを重ねていた。側で見ていても、追い込みすぎではないかと思えるほどのハードワーク。

普段の飄々とした姿はそこにはなく、玉の汗をかき険しい表情を浮かべながらメニューに励んでいた。

その時、本田は絞り出すようにこんな思いを語っていた。

「こういうことは密かにやっている部分がある。それは美学かもしれない。でもプロはみんな努力しているもの。努力していない奴なんてプロやない。

ただ、具体的にどんな努力をしているかというのは、そんな簡単に明かすもんやない。

努力は誰でもするもの。その大小の違いが、その後を大きく分けていく。その人がほんまに成し遂げたいと思っている目標に見合った、努力をしないといけないわけやから。

常に、ないものねだりをすることはできないけど、理想を求めていく過程と、あとは自分たちの現実的な強みもある。その両方をしっかり認識して、地に足をつけて戦っていく。でも俺は、理想なくしてプレーしている意味も、生きている意味もないと思っているから。現実は現実としてしっかり受け止めて、でも理想に向かうことを忘れない。

そうすれば、時としてね、自分をもビックリさせるような結果に辿り着いたりもする。だから、Ｗ杯優勝だって、現実にあるんよ」

ここでも飛び出した、優勝の二文字。さらに言葉は走り続ける。

「難しいことは承知の上で俺は言っている。でも、不可能ではないことだともわかっている。俺が本気で日本が優勝すると思っていることを、周りは面白く思っていないことがある。それを見聞きして、『お前ら、ホンマに日本人か？』と思ってしまう。違うやろ、と。

みんな良い意味でポジティブにいろんな考えをしていったら、良い方向に向かう可能性だってある。現状が良くないから、今が強くないからといって、ネガティブに捉えすぎ。それでは悪循環しか生まない」

本田が現在、サッカースクールやサッカークラブ経営に乗り出している理由の一つに、「夢や目標を持つことが、いかに大切かを伝えたい」という思いがある。

サッカー選手だけの側面ではなく、ビジネスにも携わり成功したい。それが本田自身の野心だという。

と同時に、例えばスクールで関わる子供たちやビジネスで関わるスタッフたちにも、同じように明確な目標を持つことの価値を広めていくことに、大きな意義を感じている。

綺麗事に聞こえるかもしれない。ただ、その言動は紛れもなく本田の本心。本田の根本は、理想論でできている。

一方で、彼には確実に年々変化も生じている。

ＣＳＫＡモスクワからイタリアのミランに移籍する際と、ミランからメキシコのパチュ－カに移籍した時では、彼の自身に対する考え方は明らかに違う。

さらにかつて本職のトップ下でプレーしていた時と、右サイドを主戦場にしたここ数年、そしてそれらの経験を踏まえて２０１８年のロシアＷ杯へと向かう現在では、それぞれの時期でプレーに関する捉え方が違っている。

その変化を、彼のこれまでの言葉から明かしていきたい。

ACミラン

今から約４年前、ミランに移籍する直前にロシアで行った現地取材。モスクワ郊外にあるＣＳＫＡの練習場で、本田はミランという具体名は明かさなかったものの、ここからの自分の挑戦に向けてこう語っていた。

「次はビッグクラブに行くと言っているということは、そこにいる一線級の選手にも打ち克つ自信があるから。自信がないと公言なんてしない。行くチームによって争う相手はもちろん違ってくるけど、自分のプレーや戦う姿勢は相手によって変えることはない。そこで自分がどう乗り越えていけるか、ここが本田圭佑の過渡期になるんでしょうね。

むしろ、こんなことは当然のことを言っているだけやと思う。今までも話してきたとおり、本当の意味で自分に自信がなければ、世界のトップに挑戦する必要すらないだろうし、世界一という目標を公言する必要もなかったでしょうし。その過程として、どこのクラブにいてもチーム内にもライバルになる選手がいる。ビッグクラブだろうが、そいつらに勝っていかないことには何もない。

自分にとってはシンプルなこと。とにかく対戦する相手だけではなくて、味方のライバルも超えていかないといけない。そうでないと、自分の目標実現にはつながっていかない。今、自分はまた成長していると感じているけど、それは喜ばしいことだから」

また、移籍後のプレーを想定しながら、本田はピッチ内での振る舞いについても語った。

「トップ下でプレーしている以上はとにかく点に絡み続ける。みんな最近は俺が効率的に点を取るようになったと言うけど、変わったとかどうとかではなくて、もう常にゴールは求めているんですよ。

効率的とか、いつもそれだけを念頭に置いて戦っているつもりではなくて、パスもチャンスメイクも、そしてゴールも、このポジションでとにかく結果を出し続けるだけ」

当時はCSKAでも日本代表でも、トップ下の位置で輝いていた時代。そのプレーに自信を漲らせていた。ミランでの成功、そしてブラジルW杯での活躍。右肩上がりのイメージがそこにはあった。

しかし、周知の通り、ここから本田は苦しい戦いを強いられていった。ミラン移籍後、監督交代の連続の中で、ポジションはトップ下ではなく右サイドに固定されていく。そして、ブラジルW杯敗退後、日本代表でもクラブ同様に右サイドが主戦場に。

味方を使い、自分も中央からシュートを打っていくプレーは長らく影を潜め、決してスピードに長けた選手ではない本田がサイドを上下動し、ランニングし続ける動きを余儀なくされたのだった。

本田自身も、ブラジルW杯で苦汁をなめたことは大きな出来事だった。初戦のコートジボワール戦で先制点を挙げたものの、優勝はおろか、大会を通して善戦すらできずに敗退となった事実は、明らかに彼に大きなダメージを与えた。

新たなポジションとプレーの挑戦。ミランで右ウイングとして奮闘していた当時、ミラノの空港で行った取材で、本田は現状について語った。

「今、自分がミラン全体のチーム作りに多くコミットしているかと言えば、それはしていない。これまでの自分なら、例えば（自己中心的なプレーが多い）メネズやバロテッリにも何かを言っていたと思う。でも、今はあえてそれをしない。そこに注いだパワーを、自分自身の成長にもっと注ぎ込もうとしている。

前までの自分は、もう監督みたいなものだった。オランダでも、ロシアでも、日本代表でも。周りの選手にいろいろ言って、助けたり前を向かせたりもした。ただ、今は自分に集中している。

何より、ウイングの位置からでも〝一発〟を決められる選手になろうとしている。これまでも自分は決めるところでは決めるというタイプではあった。

でも、ブラジルW杯のギリシャ戦（０対０の引き分け）で、あれだけ相手を攻め込みながら、自分を含めて日本には誰も試合を決められる選手がいなかった。

例えば、昨日のサンプドリア戦のプレーで一つ例を挙げると、右サイドを自分が突破していったプレーがあったでしょ。最後のところで味方にパスをしたけど、なぜパスをしたのかと言うと、ゴール前に行った時点で燃料切れだったから。

だからプレーの第一プライオリティがパスになってしまった。本来ならあそこでは、ゴールに直結するプレーをすべきだった。そこで〝一発〟を決められたかもしれない。でもできなかった。なぜなら、フィジカルが足りなかったから。

だからここからのプロジェクトでは、もう一回フィジカルを強化していくことを真剣に考えている。サッカーの勝負を分けるのは、結局は最後の一発を決められるかどうか。その局面で勝てるかどうかだから」


話を聞いていて、そこには司令塔然とした以前のプレー意識はなかった。どちらかと言えば、ＦＷのような感覚。パスの出し手ではなく、受け手になる覚悟があるようだった。

ところが本田は、今度は徐々にプレーエリアを下げることになっていく。同じ右サイドでも、ウイングのような高い位置ではなく、サイドハーフとして主に守備でバランスを取るような役割が与えられていった。

日本人は勤勉で献身的にプレーするところが、ヨーロッパでは評価される。個性の強い本田も、「そこは俺も日本人」と、チームの調和を乱すような自己中心的なプレーには決して走らない。ただ、チームの組織を陰ながら支える立場ではあっても、試合を決める〝一発〟も決められなければ、かつてのような味方を生かすラストパスも出せない。

アピールすらできない日々――。

そして本田は、ミランを後にした。

理想のサッカー

内田を取材した後、彼にぶつけた同じテーマを抱え、本田のもとに突撃した。

急に目の前に現れた私の姿を見て、本田は「久しぶりですね」と話しかけてきた。即座に私は「実は」と切り出し、普段の題材とは違うこちらの狙いを話していった。

彼は黙って頷きながら聞いていた。

すると、「今はちょっと時間がないので、後日また来てもらえますか」と返してきた。

普段はそれほど取材を受けず、話すモードではない場合は口を閉ざすことも多い。こうした突撃取材にしても、どの記者も常に成功する保証などどこにもないのだが、どうやら今回のテーマは、彼の中にも響くものがあったようだ。

そして数日後、再度本田を訪ね、あらためて話をぶつけていった。

――常々、本田くんは理想を追い求めてきた。あらためて聞きたかったのがブラジルW杯について。日本代表は「自分たちのサッカー」という題目のもと、思い描く攻撃的な戦い方をぶつけて、結果が出なかった。反対に今は、ハリルホジッチ監督のもと、世界に対して現実的な戦い方を志向している。本田くんにとっては、ブラジルW杯でやろうとしたあのサッカーが今でも理想であり、正義なのか？

「要するに、そこはサッカー観の話やね。ザッケローニ監督の時に少し話を戻すと、別に完璧に俺のワガママであの戦い方で戦おうとしたわけではなくて。当然ながらサッカーなので、理想を掲げながらも現実問題、その時にいる選手や戦力で勝利を目指さないといけない。場合によっては、それまでとはまったく違う戦術で戦わないといけない時もある。シンプルに言えば、あのW杯はやりたいことだけをやろうとしたのではなくて、あの時のメンバー、監督、チームの雰囲気、戦ってきた過程があって、その中で手応えを模索していって……（沈黙）。

あの形で勝てるんじゃないかという答えに至った。２０１１年にアジアカップを優勝して、W杯予選や２０１３年のコンフェデレーションズカップの経験も通しての手応えだった。

じゃあ、今というか、元々本田圭佑がどんなサッカー観を持っているかと言われたら、率直に言って、自分独特の理想がありますから」

絶対に勝ち目はある

――客観的に見て、サッカーには正解がないのかもしれない。ただ、みんな主観的にこうプレーしたいという考えや志向は持っている。日本が世界で強くなるために、こんなサッカーを志向すれば良いという考えはあるのか？

「まず何より、日本は着実に強くなってきたので。それをしっかり認識すること。すごいスピードで強くなってきた。ただ相対的に見ると、アジア各国もすごく強化にお金をかけてきている。だから、近年は簡単に結果を出せなくなってきたという事実はある。

でも、それは日本が弱くなったという事態とは、ちょっと違う。Ｊリーグの競技レベルも上がっている。とはいえ、ずっと日本が同じ曲線で成長していくことも難しい話で。

今は、確かに成長曲線が前よりも緩やかになっているのは認めないといけないと思う。その状況を、例えばメディアなどは危機感として捉えているよね。

これは、必要なプロセスでもある。日本は世界のサッカー界の中でも、急激に成長してきたから。１９９８年のフランスＷ杯に初出場して以降は特に。

それが緩やかな曲線になっていくのは、日本の経済の歴史と似ている。かつて日本はアメリカに次ぐ経済国になったけど、今は中国に抜かれていろいろ危機感が出ている。良い時期もあれば悪い時期もある。それはここ数年のミランを観ていても、同じだった。

そうした現状をしっかり評価した上で……何を俺らが今後やらないといけないのか、再び成長曲線を上げていくためには何が必要なのかを、考えないといけない。

僕ら選手の立場は、やっぱり海外での活躍もそうやし、代表での結果も大事。日本サッカー協会としても、当然育成強化をさらに加速させていくことだって大切になる。

あと、遅かれ早かれ必ず直面する課題は、代表監督選びやと思う。

どうしても、これまでは日本よりサッカーの歴史が長い他の国から監督を連れてきていた。ただ、我慢が必要なこともあるかもしれないけど、日本人監督を選択することになれば、1試合1試合の結果やW杯一大会の結果が出るとかはさておき、なだらかになった日本の成長曲線を高めるために本当に必要なプロセスが踏めるかもしれない。

それをしないと、結局明確な日本のサッカースタイルは出来上がらない。極端な言い方やけど、監督というのはあくまで中間管理職。その意味では、監督がチームのスタイルを決めるというのは、組織の原理原則からいってありえない。

もちろんスタイル作りに進言することはいいけど、集団のスタイル、サッカーで言えば戦い方を最終決定するのは組織のトップであり、サポーターなんです。日本が民主主義であるなら、サッカーも自分たちで作っていかないといけない」

――ただ、それは海外で渡り合っているサッカー人なら胸を張って言える意見である一方で、正直日本国内に留まっているサッカー人は、世界と戦う上でそこまで自分たちの決定や考え方に自信を持てていない気がする。そこはどう見ているのだろうか？

「だから……自分もこうやって海外に来るまでは、おそらくそう思っていたかもしれない。今でも例えばメッシとかイニエスタ、クリスティアーノ・ロナウドとかモウリーニョ、グアルディオラとかに対しては、そういうリスペクトもあるし。彼らは自分よりもう一個上のレベルを経験しているという意味でね。おそらく僕にない視点も持っているんだろうというリスペクトがある。

でも、それ以上はないんですよ。

それ以上はなくて、ビビるみたいなことも一切なくて。サッカーはものすごくシンプルやから。メッシだろうが誰だろうが、１００ｍを9秒以下で走れるわけではないし。馬よりも速く走れるわけでも、猛獣に喧嘩で勝てるわけでもない。

常に僕はおかしなことを言っているかもしれないけど、人一人、相手がクリスティアーノ・ロナウドだろうがメッシだろうが、絶対に勝ち目はあると考えて生きているから。だからW杯も優勝できると言ってきた。彼らだって風邪も引けば寝込むと（笑）。しれている（関西弁で〝大したことない〟）んですよ。確かに、そのしれている範囲では彼らはすごいですよ。結果も出しているし世界一かもしれない。

でも、特にチームスポーツの場合は、それをひっくり返せる可能性がある。メッシはアルゼンチンでまだW杯優勝を経験していない。そういう苦労を彼自身も経験している」

まず、理想論者と思っていた本田の、現実に目を向ける意見が印象的だった。『日本の成長曲線は緩やかになってきている』『日本はまだ確固たるサッカースタイルが存在しない』。それらは、世界で戦う上で日本が抱えるネガティブな要素であることは間違いない。常に上を目指す言動をしてきた本田が、そうした現実的な意見を述べた。ビジネスに深く関わり、より物事を多面的に捉えるようになったのかもしれない。それとも、ここ数年サッカー選手として味わってきた苦しい状況がもたらした一面なのかもしれない。

ただ、それだけに留まらないところが、やはり本田らしい。問題点に触れたあとに、必ず強くてポジティブな論点も展開する。理想は、決して見失わない。

ならば本田が考える、日本が目指すべきスタイルとは。

イビチャ・オシム

――選手としての立場だけではなくて、クラブ経営などサッカーという競技自体を俯瞰でも見る立場にある現在。日本人がどんなスタイルで戦えば、世界と渡り合えると考えているのだろうか？

「一番近い考えは、実は（イビチャ・）オシムさんがやろうとしたことなんじゃないかなと思う。俺は起用されたことはないけど、一応オシムジャパンの時には何度か代表に選ばれていたので。そこで感じたのは、ポイントとしてハードワークという点では他の指導者も同じかもしれないけど、明らかにオシムさんが違ったのは……」

そこまで話すと、しばし沈黙の時間が流れた。

約10年前に代表に選出された際の記憶を、本田が呼び覚まそうとしている。

再び口を開き始めた。

「オシムさんがやろうとしていたことが、完全に俺が考えるものと同じではないんですけど、すごく近いと感じる。それは、スペースの使い方なんです。

オシムさんはよく、『考えて走れ』というフレーズを使っていましたよね。『走りながら考えろ』という言い方もしていたかな。それは結局、スペースを見つけろということを言いたかったんだと思うんです。

もう少しオシムさんが日本代表を指揮していれば、そこがもっと深く掘り下げられたのかもしれない。あれほどの手腕の方なので、実現しなかったのが残念。でもその過程としては、やっぱり日本の強化につながることだったと感じています」

――スペースを見つける、使う。そこの意味をもう少し具体的に話して欲しい。

「要は、サッカーってゴールするためにはもちろんうまくスペースを使わないとダメなんです。反対にスペースを使われたくないから、守備の選手は中央を固める。ゴールから離れたサイドのエリアでは、ある程度は敵の自由を許す。

当然、攻撃側はチンタラ攻めていたら、スペースは消されるわけで。オシムさんが日本人に言いたかったのは、そこでハードワークして相手がスペースを消す前に、相手が休む前に俺たちがそこに飛び出していけ、ということだった。だから、『走りながら考えろ』なんです。

例えば、イタリアのサッカーは、ボールを持ったらそこで止まるわけです。マイボールになると、そこからどう攻めようか考える。なぜならば、自分たちも相手のチームも、お互いがものすごく戦術的に守っているから、攻め手もスペースも少ない。なんか、将棋をしているようなにらみ合いが、イタリアのサッカーなんです。

一方で、例えばイングランド人を外国人がなんて皮肉るかと言えば、『首のないニワトリ』。今のプレミアリーグのサッカーは違うけど、元々のイングランドのサッカーは前に蹴ってそれを追いかけるだけで、考えずに走っていた。

ニワトリって、首を切ったらいきなり走り回るみたいで、だから頭を使わずに走るというシニカルな意味でそう例えるようです。

そこで感じたのが、イングランドのようなサッカーとイタリアのサッカーの両方を、うまく格好よくやりたかったのが、オシムさんのスタイルだったんじゃないかということ。

言い換えれば、イングランドのような『インテンシティ（プレー強度）』と、イタリアのような『タクティクス（戦術）』。これが自分たちに両立できるかどうか、なんです。

タクティクスというのは、相手がこう出てきたらこうプレーするとか、論理的な視点でプレーを組み立てていくこと。味方にスペースを作るために、ボールのないところで動くこともそう。相手の癖を知っておいて、その逆を突くのもそう。

これを、つまりインテンシティを高めた状態でできるかどうかが、カギを握っている。止まった状態で戦術的にプレーするのがイタリアなんですよ。細かいことを考える前に走るのがイングランド。この両方を、日本人が実現できるかどうか。俺は、できなくはないとは思っています」

日本人の特性

――日本人は世界の中でも組織的に戦うことには長けていると言われている。また、何かを学び吸収する力も特徴の一つでもある。

「勤勉ではあるけど、日本人はイノベーション能力が低いし、クリエイティブさも足りない。それは俺自身も感じるから。日本で普通教育を受けてきただけで、大人に抑え込まれようとしたことを俺は普段から疑問に感じてきたけど。

でもその癖はまだまだ残っていて、『三つ子の魂百までや、アカン教育してくれたな』なんて思いながら（笑）。

とはいえ、日本人は人としての基準は高い。アメリカ人やインド人のような飛び抜けた天才はいないかもしれないけど、世界的に見れば考える基準が高い人がたくさんいる。だから、イタリアサッカーみたいな戦術的なことも、実はやろうとしたらできるはずなんです。

ただ、サッカーの歴史が違いすぎて。はっきり言って、イタリアで感じたのは、今の日本人選手の戦術能力のレベルはめちゃくちゃ低い。イタリアがめちゃくちゃ高いというのもあるかもしれないけど。ただ、イタリアサッカーには、いかんせんスピーディさとモダンさがない。

別にエンターテインメント性はいらない。観ているとつまらないだろうけど、戦ったらイタリアが勝つ。これは、僕らもある意味、学ばないといけない部分でもある。おもんなくても勝つねんから、イタリアは。だからW杯で4回も優勝している」

――ただイタリア人も、世界的にはそれほど大きな体格はしていない。それは日本人も同じで、どうあがいても黒人やアングロサクソンの選手たちにフィジカルで勝負するには限界がある。そうなった時に、イタリアのように少し戦術重視のスタイルで頭脳的に戦うことを目指すのが得策なのかもしれないという見方もできると思う。

「どちらかと言ったら、日本人は有酸素能力が高いでしょ。マラソンとかでもそんなに成績悪くない。でもパワーがない。筋肉も太くないから、一発の競り合いとかで負けてしまう。ドログバみたいな相手にはなかなか勝てない。

だからオシムさんの言うようなやり方が有効かなと思う。相手を休ませるなと。ドログバみたいな選手たちはどこかで休みたがる。そこを突いていけば、敵は必ず疲弊する。ただ、日本人は学問的な部分でまだまだサッカーの思考力が弱い。タクティクスがあまりにも個人に浸透していないから。

Ｊリーグのチームも日本代表も、みんなたくさん走っているけど、そこにあまりにも戦術的なディテールがない。だから勝てない。ブラジルW杯で負けたのも、実はそこかなと感じている」

戦術最前線の国・イタリア

本田が過ごした、イタリアでの３年半。人々はミランでの挑戦を決して成功だったとは評価しないだろう。それは本田自身も認める。

ミランに辿り着くまでに思い描いていた姿。ロシア時代の発言もここで紹介してきたが、あの当時のテンションから鑑みれば、結果を残せなかったイタリアでの戦いは失敗だったと片付けられてしまう。

私も本田に話を聞くまでは、彼は後悔の念が強いのだろうと想像していた。在籍中には、ミランというクラブ全体の課題やイタリアサッカー界の問題点について言及するなど、彼個人が目に見えない巨大な存在と戦ってきたという事実もある。

しかし、本田はカルチョ（イタリア語でサッカーの意味）から学ぶこともあった。どちらかというと、それまではサッカーの戦い方に関しても理想論に傾くことがあった彼が、戦術の深みや勝利を手繰り寄せる現実的な戦い方に身を置く中で、少しずつ変化してきた部分も見え隠れする。

「イタリアサッカーには歯がゆさがある。でも、相手によって柔軟に戦い方を変えていくことは、決して受け身であるとかネガティブな戦い方ではない。ボールゲームにとって、それは大切な部分。それを戦術最前線の国で経験できたことは本当に良かったと思っている。

さらに言えば、俺が在籍してきた間のミランは、目まぐるしく監督が交代した。アッレグリ、セードルフ、インザーギ、ミハイロビッチ、ブロッキ、そしてモンテッラ。

全員の監督のやり方を見ることができたのも財産。さらに、日本代表ではザッケローニも経験している。これだけ、イタリア絡みの指導者を見られたことはすごく大きい。自分の中で少なからず影響がある。イタリアでやっている監督は本当に優秀。それは間違いない」

――世界で渡り合える優れた日本人指導者が出てくるのは、今ヨーロッパで戦っている選手たちが引退して監督になった時と言えるかもしれない。過去の日本のサッカー人よりも、戦術的な観点でも確実にトップレベルに触れている選手が現在は多くいる。

「それが、イタリアを含めたまさに今のサッカー強豪国なわけで。そのサイクルを彼らはもう何十年、へたしたら１００年弱やってきているから強い。

何回もW杯を経験して、チャンピオンズリーグで勝った経験のある人間が何人も指導者になって。そこからまた選手が育っていく。その繰り返し。

日本は、ようやくフランスW杯を経験した選手たちが今、監督になり始めている。このサイクルをどんどん作らないといけない。

僕の考えでは、時間がすべてだとは思わない。早めていけるに越したことはない。でも、イタリアのような古さが美学みたいな国で感じたのは、時間や歴史もやっぱり馬鹿にはできないということやね」

本田流［3―4―3］

ビッグマウスや威勢のよさ。今でも世間の本田像は、こうした言葉がしっくり当てはまるだろう。常に勝ち気で強気な性格であることに間違いはない。

その一方で、本田は酸いも甘いも味わってきたここ数年を経て、実は今まで以上にサッカーの見方が深くなり、さらに多角的にもなってきている。

ならば、その本田が考える、理想のサッカースタイルとは一体どんな戦い方なのか。さらに話は深部に入り込んでいった。

――ところで、ここ最近はソルティーロＦＣ（千葉県内にある本田所属会社が所有する高校年代のクラブチーム）などで［3―4―3］システムを試したみたいで。もちろん本田くんのアイディアだと思うけど、面白い試みに感じる。

「そう、あくまでそれは理想を追っているところがある。ただ現実的には4バックをしないといけないときもある。4バックと中盤に一人アンカー（守備的ＭＦ）を置いて、その前にインサイドハーフが2枚。現実的な戦いではこういう選択をするチームが今は多いよね。

僕が理想だと考える［3―4―3］は、実はあまりにも現代のサッカーとはかけ離れているから。現在のサッカーで育った選手は、初めはなかなかアジャストできない。だから育成年代からもきっちりやっていかないといけないと思っていて。ここは将来の強化に向けて、理想を追っている」

――それは広義の意味で日本サッカーの強化にもつながっていくのかどうか。ぜひその考えの一端を聞かせてほしい。

「これね、長くなるので覚悟してくださいね（笑）。一般的なサッカーの常識と比べて一番わかりやすい違いは、僕の考えでは中盤のサイドの選手が中央に絞る動きをするところにある。［3―4―3］でいう［4］の左右両サイドの選手です。

今のサッカーと明らかに違う動きをするのは、両サイドアタックに関して普通は前線3トップの左右ウイングの選手が中に入ることはある。それで、例えばこれまでの日本代表で言えば後方から長友（佑都）や内田（篤人）といったサイドバックが空いたスペースに前に上がってくる。

この形は、どこのチームもやっていることです。これ以外のサッカーをやっているチームをあまり観たことがない。サイドバックが縦を上下動しないサッカーは、僕は観たことがないですから。

そこを、明らかに変えるんです。

まず前の３トップから順番に言っていくと、左右ウイングは外側に張り続ける。中には入らない。そこのポジションに必要な能力は、1対1の能力がスーパーに優れた選手。スペシャリストを育成しないといけない。ちょっと孤立していても、単独でプレーできちゃうような選手です。

次にMFの両サイド。ここはまずは自陣からの攻撃のビルドアップの時は、後ろの3人のDFのところに加わって5人でボールを広く回すというメリットを生かす。これをやると、要は相手が前からプレスで自分たちをはめ込もうとしても、なかなか難しくなるんです。

次に敵陣に入っていくと、サイドをオーバーラップするのではなくて、グッと中に絞るんです。そこに後ろの3バックの中央の選手も前に出て、中盤のアンカーの役割になる。ある意味、フォアリベロのような役回りですよね。

ここで重要なのは、相手のFWが1トップなら、DFは後ろに3枚いる必要はない。センターバックタイプは2人でも数的優位になるわけですから。だからなおさら3バックの中央は、バルセロナのブスケッツみたいに中盤に上がってプレーすればいいんです。その柔軟な判断ができる選手も必要です。

僕の考えでは、やっぱりサイドバックでもウイングバックでもいいんですけど、そこのポジションの動き方が明らかに普通とは違うんです。ここを工夫することが、ものすごく大事になってくる。

現状のサッカーは内田とか長友とか、ここの選手がカギを握る。ここがショボかったらサッカーは勝てない。

そう考えると、ベストなのは、このポジションをやるのは運動量もあって、テクニカルで戦術眼のある選手。そのやり方に近いのがブラジル代表です。

ここ数年のブラジル代表のあのポジションの選手、右サイドのダニエウ・アウベスだって左サイドのマルセロだって、足元の技術が高くて、ボールキープ力に長けている。プレッシャーをかけられても切り返して個人で打開もできる。ワンツーで突破もできれば、ゲームメイクもできる。さらに危機管理能力があって、対人プレーにも長けている。要するに、全部できる選手ですよ。

今までのサイドプレーヤーの定義は、とにかくアップダウンを繰り返すけど、ゲームメイクはしない。味方から使われる側です。そこを、彼らが中に絞って、中央のＭＦに化けることによって使う側になるということです。低い位置ではサイドにいて、敵陣に入り込むとイニエスタやシャビのようなポジショニングを取るんです」

――斬新な動き方には感じるけど、ではＭＦの［4］の残りの中央の2枚、いわゆるダブルボランチはどんな役割になるのか？

「守備の時はダブルボランチですけど、攻撃で敵陣に入れば、今話したように両サイドの

本田流［3－4－3］のシステムと動き方

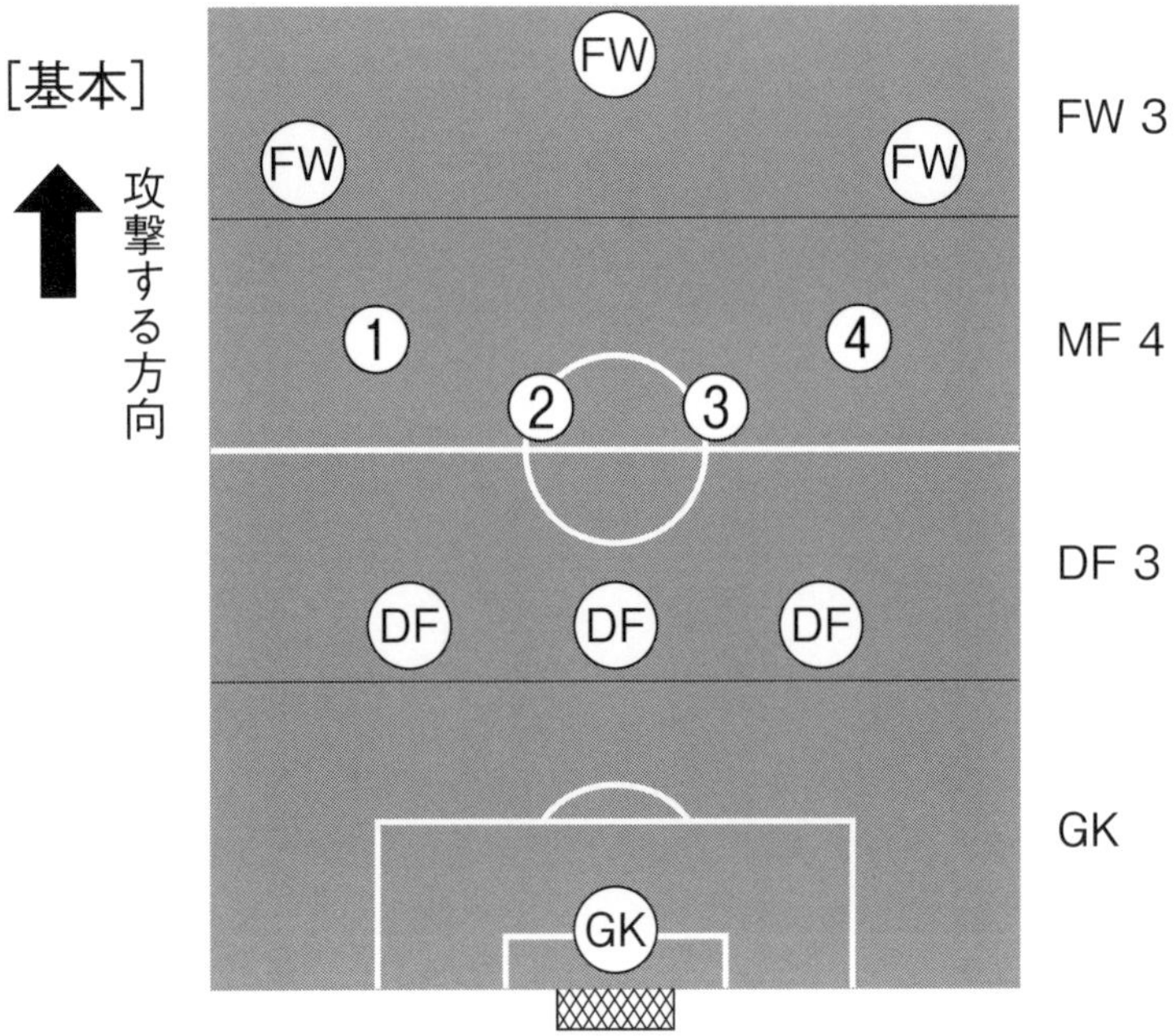

［自陣から
ビルドアップ］

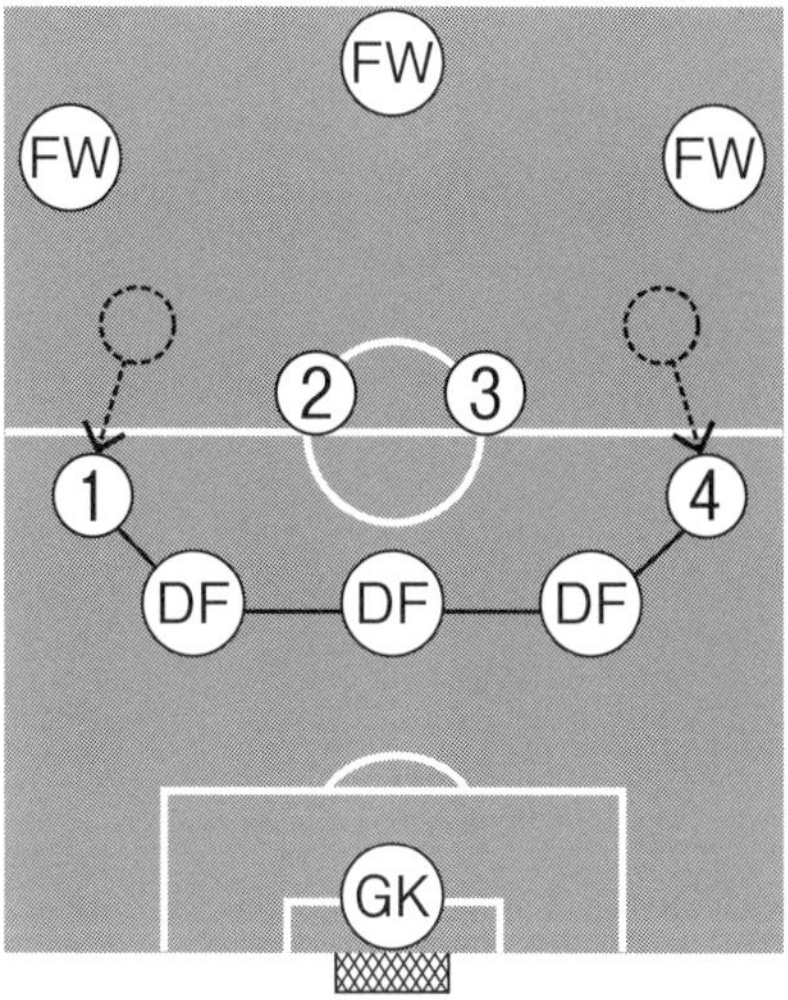

［敵陣への
攻撃］

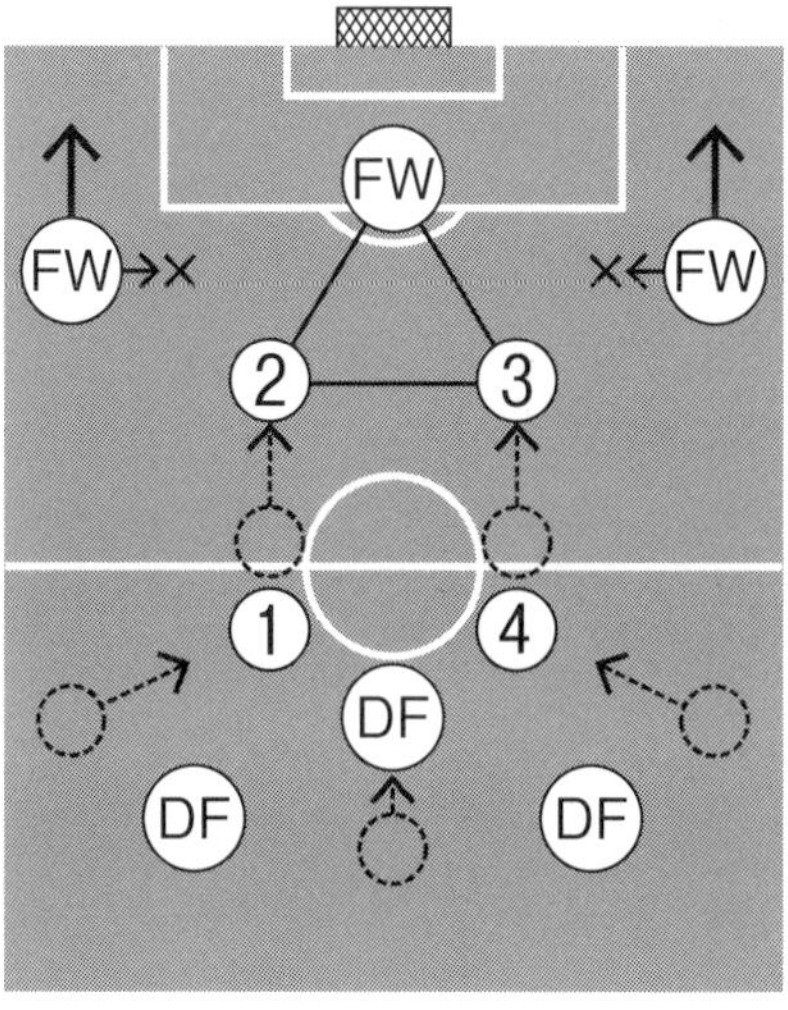

選手2人がそのボランチに近い位置に入ってくる。そうなると、元々のボランチの2人は前に出て、インサイドハーフみたいな高い位置を取ればいい。

現代サッカーは、ゴール前のアタッキングサードにはどちらかと言えば左右ウイングが中央にカットインして入っていくイメージが強い。でもさっきも話したように、僕の考えではウイングはサイドに張ったまま。

だから中央の1トップのストライカーをサポートする位置には、この中央のMF（ボランチ）の2人が入っていくことになる。ここのポジションを任される選手は他のポジションよりも高いレベルのテクニックが必須。彼らが相手のセンターバックとサイドバックの間を突いたり、裏に抜け出すような動きをすることが大事です。

そうすると、サイドにいる個の能力が高いウイングの力がより生かせる。なぜか、今のサッカーはネイマールみたいな選手がサイドからカットインして相手センターバックとサイドバックの間に入ってくる。でもあまりね、効果的ではない気がする。

ここに入るのは、イニエスタやシャビといった中盤中央の選手のほうがいい。イニエスタが高い位置でDFの間でパスを受けて、ウイングがさらに前に走り込んだほうがいい。

もちろんまだまだこのやり方には課題もあるし、絶対的な戦い方なんてものはないのかもしれない。でもやっぱり理想論として僕の中にはしっかりあって、こうやって戦術的に工夫すれば、日本も世界で勝てる、大丈夫という考えがあるから」

無駄に動きすぎないサッカー

サッカーで大切なことの一つに、プレーイメージやチーム戦術をしっかり頭脳で描くことができるか、がある。よく、平面の視野でありながらピッチを俯瞰でも見られる選手は優れているという話も聞く。

本田の語る内容も、そんなイメージだった。今度は自身のプレースタイルの分析。そしてここから、さらに本田の明確なある狙いが見て取れた。

——よくサッカーでは両サイドや中央の選手がポジションチェンジを繰り返し、流動的な攻撃を展開することが効果的とも言われる。ただ、今の本田くんの考えでは、流動的というよりもシステマチックで機能的に選手が動くことが大事になってくると思う。

「僕は基本的には、攻撃はあまり選手が動きすぎないほうが成立させられると思っているタイプで。だから、流動的ではダメなんです」

——それは意外な考えだね。

「とりあえずシンプルに言うと、攻撃は動かんほうが絶対に成立できるという考え方と、守備はマンツーマンが成立するという考え方なんです。でも、ＤＦでいうと相手と１対１

の状態では負けるリスクがあるから、数的優位の状態を作って人を余らせる、だからそこに初めて戦術が出てくる。

例えば俺が今、目の前にいる西川さんをこの距離でマークすれば、絶対に西川さんは自由にプレーできないんです。それはメッシだろうがネイマールだろうが同じ。サッカーはマークの距離を空ける、つまりフリーにさせると危ない。

じゃあ、相手が体でフェイントの動きを入れてフリーになろうとしても、1m真横でついていけるのであれば、絶対にその守り方がベストです。それができずに、初めからDFは背後のスペースばかりを警戒してマークの距離を空けるから、敵の足元へのパスは通させても仕方ないとなる。この論理は不変ですよ。

DFにとっては、特に日本人はそうでしょうけど、相手よりフィジカル能力が劣るから、また1対1の練習をあまり積んでいないから、初めから戦術ありきとなるだけの話で。DFも低くベタ引きしないといけないという話。でも、できるならメッシの横に90分間張り付けと。それで問題ないと。やれるんだったら、メッシはとにかくうざがるぞと」

――ただ、人間は誰でも必ず集中力が切れる瞬間がある。

「もちろん。だからそこでも考えて、このプレーを諦めないようにするために何をやるかといえば、新しいトレーニング方法を編み出そうとするわけですよ。『一人の選手を90分間マークにつくなんて、非現実的だ』とか、そんな甘えたことを言うから、練習でも甘えたことばかりになるわけで。実現しようとしたら、練習からまた違ったハイレベルなアプローチをするべき。

やっぱり目標というのは、理想を掲げて初めてできる。それによってあらゆるアプローチが変わってくる。努力の仕方が変わってくるというのが、僕の考えです」

相手ボランチの死角

――本田くんは例えばこれまで日本代表でトップ下や中盤でプレーしていた時に、流動的な動きで相手を崩すシーンも多かった感じがするけど。

「いや、そんなことはないですよ。よくそう言われるんですけど、あくまでそれはイメージや固定観念なのかなと思う。

俺はただ、スペースに動いているだけなんですよ。もし、自分が初めから立っていた場所がスペースであれば、そのまま止まってパスを受けたほうがいい。無駄に動かないほうがいい。

例えば俺がサイドではなく中央でプレーしていた時の話をしましょうか。

まず、自分が一番狙っているスペースは、相手ボランチの両脇のスペース。しかも、ボランチのちょっと背後あたり。ここを突くことが、チームのチャンスに一番つながると思っている。

ボランチは、死角に入った俺のことは見えない。ボランチの習性として、あまり後ろのDFラインに吸収されたくないから下がりすぎないようにするもの。だからこそ、俺はボランチの背後に回って、DFラインとの間に生じる微妙なギャップでボールを受けます。

そうなると、今度はDFがラインを上げて、俺がパスを受けるスペースを消そうとしてくる。必然的に、俺の自由はなくなります。

でも、そこでラインを上げた相手DFの背後を、今度はサイドやFWの選手が突いて、後ろからパスを出せばいい。ザックジャパン時代の例で言えば、ボランチのヤットさん（遠藤保仁）が、右サイドからゴール前に斜めの動きで入っていくオカ（岡崎慎司）にパスを出す攻撃のパターンです。

もちろん一時的に俺は消えます。でもその違うパターンを見せれば、相手は怖がってまたDFラインを下げ始める。そうなれば、また俺が相手の間のスペースを突いてチャンスメイクすればいい。

だから理想は、常に相手ボランチの死角のスペースを狙う。あとは駆け引きで勝てるかどうかです。

敵を『本田に受けさせるのは怖い。でもラインを上げれば背後を他の選手に突かれる』という状態にさせる。そこでさっきのウイングの選手の話にもなって、1対1の強いスーパーな能力のアタッカーがいれば、相手はＤＦラインも簡単に上げられず混乱する。だから中央にいる俺一人の動きで、いろんな攻撃の選択肢が出てくることになるんです」

ＭＦへのこだわり

トップ下で躍動していた時の話をする本田は、しゃべるスピードも速く、サッカーを覚えたての子供のようにとても楽しそうだった。ここ数年、サイドで苦しんでいたプレーを忘れさせるような充実感が、テーブルを挟んだこちら側に伝わってきた。

自らのプレーのディテールについて、本田は話を続ける。

「そんなスペースやスポットを、俺はずっと狙っている。周りは俺のキープ力やキックを評価するけど、自分自身はむしろそこの空間把握能力こそが、ＭＦとして一番優れている要素なんじゃないかと思っている。

それが、前に話していた『トップ下でプレーすることは、自分の家に帰ってきた感覚がある』という言葉の意味でもある。これこそが、中盤の中央でプレーすることの醍醐味。

ならば、なぜ俺がここまでミランでも代表でもサイドで苦労しているかと言えば、サイドはほぼ間違いなく相手とマンツーマンの関係になるから。相手サイドバックと俺、という対決関係だけ。もうあとは、オランダのアタッカーみたいにスピードとアジリティで敵を振り抜くしかない。

これは特にハリルジャパンのウイングには絶対に求められるプレー。だから、俺も頑張っているよ。でも、ここまで話してきたとおり、俺の本質的なプレーも、俺が理想とするサッカー自体も、『無駄に動きすぎないサッカー』になるんです」


――ロシアW杯、そしてそこに向けた残りのプレーも含めて、今一度『MF本田圭佑』として勝負することを求めたいと。


「うん。いろいろ巡り巡ってだったけど、答えが見つかった。やっぱりサイドでは味方でも2、3人としかプレーでリンクしていないんですよ。サイドバックとセンターFWと、トップ下。ボランチは意外と少なくて、(吉田《よしだ》)麻也《まや》とかセンターバックとのパス交換のほうが多い。

でもMFの中央は、ほぼ味方全員とリンクできる。全員とリンクしたほうが、俺みたいな考えながら勝率を高めようと思う人間にとっては、引き出しがいっぱい出てくる。タクティクス勝負にもなってくるから。性格的にも、周りを使うほうが、他人の良いところを出してあげるほうが得意やからね(笑)。

だから代表でMFの自分をアピールするためにも、クラブチームでのプレーも大事になってくる。

あくまで俺が描く画の一番手は、ロシアＷ杯はＭＦとしてピッチに立っている。いや、立ちに行くよ」

内田篤人のこと

本田が語るサッカー観。チーム単位として、そして彼個人として、どんなプレーを理想とし、目指していくのか。どんどん具体的に明かされていくその内容やシチュエーションを、横にいる自分も頭の中にピッチを描いてはその場で再現していく。

脳内は常に忙しない。しかし、どこか期待感もある。それはやはりこの男が、総体的には理想をしっかり掲げてはそこに向かおうとする「夢想者」であることの証のようだった。

その瞬間、ふとある選手の顔が頭に浮かんだ。日本の強化やサッカー観といった、同じテーマをぶつけた、内田篤人である。

彼は自他ともに認める、現実主義の持ち主だった。勝つためにすべきこと、そして勝利とは何なのか、その本質を追い求める「求道者」。ある意味、必要以上に大きな理想や目標を据えるのではなく、目の前にある一瞬、一瞬の勝負を制し、それを積み重ねた先に成功があるというスタンスである。

あの時、内田がこう話していたことを思い出した。

「本田さんは、僕とはサッカーの考え方が少し違う選手だと思います。それはもう、外から見ている人たちもすぐにわかるぐらいのレベルですよね。本田さんって、すごく目標が高い選手なんですよ。夢もたくさん持っているし。そこは自分なんてもう比較にならないぐらい」

同じ日本を代表して世界と戦ってきた両者。

海外の舞台で、立身出世と自身の価値を高めるために走り続けてきた。誰もが認める、日本サッカー界を牽引してきた2人である。ただ、その源になっている思考、哲学は異なる。

いったい、これは白黒つける話なのだろうか。取材をしながら少し逡巡した。同時に、自分の主観の無さに情けなさも覚えた。

内田の話に耳を傾けながら、自分が記者として経験してきた過去と照らし合わせ、ただ勝利を求める現実的な考えに合点がいっていた。しかし、長年取材してきた本田の芯を垣間見た今、彼の望みや思いに頷く自分もいた。

本当に、サッカーは難しい。記者でありながら確固たる視点がないこと、なんとも言えない焦燥感に襲われた。

それでも、恥を忍んで正直な感想を述べると、両者が話した内容はどちらも納得のいくものだった。それはそうだろう。2人は日本のサッカー界の中でも、最前線を歩んできた存在である。彼らでしか経験できていない瞬間や感情が、確実にある。

経験則から来る考えやフィロソフィを持つ本田と内田に、正直、説得力で勝ることができる者はどれだけいるだろうか。

そんなことを思い巡らしながら、本田に話をぶつけた。

――この間、ドイツで内田くんに話を聞いてきた。本田くんと同じようなテーマを彼にも振ったのだけど、その内容や話の方向は全然違う感じになった。彼とは、正直考え方は違うよね？

「ハハハ（笑）、面白いですね、篤人に会ってきたんですか。でも、そんなこと言ったら、日本代表にいるみんなそれぞれ細かい考えは違うと思う。あいつはなんて言ってたんですか？」

――「みんな同じ考えの選手が揃っていたら、どうしたら日本が強くなるか、その答えはとっくに出ていると思う」という答えだった。ただ一つ、内田くんは日本人選手の中でも、勝ち癖を持った選手というところがある。そこに隠されたものは何なのか、という話だった。

「確かに、篤人は鹿島でもリーグ戦を連覇しているし、チャンピオンズリーグでも準決勝を経験している。あいつにしかない感覚というものが、あるかもしれない」

――そんな内田くんは、「今のサッカー界は『お金と血』が大事」と話していた。それがこれまで海外のチームや選手たちと戦ってきた実感だと。日本は島国だし世界のサッカー地図の中心にはまだいないけど、どんなチームでも真剣に強化する上では『お金と血』は不可欠という意見だった。

確かに、日本人が今、どれだけデュエルの意識を高めたとしても、基本的に身体能力が上のアングロサクソンや黒人の選手に勝るには限界がある。その意味での『血』という考えなんだろうし、あらゆる環境整備やリーグレベル向上のための『お金』でもあるのだと思う。

「なるほどね。確かに、篤人が言うように、現代サッカーの理想形は黒人みたいな身体能力の選手がメッシみたいな技術を持って、そして俺みたいな絶対にめげないメンタリティを持った選手でしょ。こんなんもう、スーパーでしょ（笑）。

でも、サッカーという競技、エンターテインメントには、100年以上の歴史があってもまだまだ弱点が未だに存在し続けている。例えば、よく言われるのが、アフリカのチームはあんなにフィジカルが強くても戦術理解力が低かったり、なぜ守備でも毎回ボールウオッチャーになってしまうのかとか。

イタリアだって、守備はめちゃくちゃ堅いけど、攻撃のセンスはイマイチとか。さっきのメッシや猛獣の話じゃないけど、絶対的な強さを持っているチームや選手はいないから。だから、面白いんだと思う。これって、じゃんけんみたいなものでもある。それぞれが三角関係になっていて、それぞれが得意なところで勝とうとする。必ず１勝１敗みたいになる関係性があるから、だから戦いようがある。

今の日本代表のサッカーも、ハマればすごく強さを発揮する。僕らがやっているサッカーが『パー』であるなら、『グー』という戦い方の相手には勝てるわけです。

じゃあ、日本がさらに世界で勝つことを考えた時に、この関係性が意味していることは何なのか。それは、タクティクス、戦術の重要性なんだと思う。

今日の試合は『グー』の戦術で戦って、明日の相手には『チョキ』の戦術でいこうと。その使い分けで、もしかしたら２勝イケるかもしれない。戦い分けできるということは、勝った時の勝因が偶然ではなく、より必然になってくるということ。

相手が何に弱いのかを分析しながら戦う。当然日本は先進国でもあるから、フィジカル的なハンデもこれだけ発達しているテクノロジーをしっかり使って、とてつもない身体能力の相手に立ち向かう。

僕は、ここからまだ50年後ぐらいまでは、サッカー界はどこの国も無敵になることはなく、みんなそれなりに弱点がある時代が続くと思っている。だから当然日本代表がＷ杯で優勝を目指せるスタンスを貫いていい時代も続くんです」

――逆に、50年後は厳しくなるということ？

「その予感はあります。日本人が何しても敵わない時代が来るかもしれないと思うし、もっと言えば、生身の人間のスポーツではなくなるんじゃないかなとも。これだけ21世紀に入ってＡＩとか急速に進化しているのだから、ここから先は何もかもが起こり得るかもしれない。サッカーそのものの定義が変わってくるんじゃないかとも予感している」


「今でもW杯で優勝したい」


２０１４年までの彼と比べて、今の本田は確実に変わってきているところがあると、この章の初めに記した。あの当時、成功を手にし、勝者になるべく、本田は強気に世界に牙を剝いた。ブラジルW杯は、彼にとっての大勝負だった。

ミラン移籍は、選手個人としても世界のトップに仲間入りするべく、大いなる挑戦だった。しかし、いずれも結果はついてこなかった。

あれから約４年。本田は経営者や教育者など、選手以外の側面も押し出しながら、社会と関わる。純粋にサッカーだけに挑戦し、またそんな姿勢を求める人々の中には、彼の変化を揶揄する者もいる。

取材をしてきて感じるのは、本田自身はサッカーへの向き合い方に変化はないということである。見た目ではわかりにくいところもある。しかし、今回の話を聞いてみて、本田は未だにW杯優勝を現実的な目標に掲げていることがわかった。

それは他人からすれば、誰よりも高い理想を掲げる彼特有のスタンスと言うかもしれないが、彼には彼の理屈があるからこそ、現実世界で実現可能なものなのだとも言える。

夢や目標は、未だにデカい。ただ、本田が変わった部分は、そこに向けたアプローチや方法論なのではないだろうか。「自分たちのサッカー」で世界にぶつかっては砕けた、かつての考え方ではもうない。幅広い戦術の必要性や、サッカーの勝負をより相対的に捉えた感覚。さらに近い将来来るかもしれない「超えられない壁」を認める価値観。

つまり、夢や目標といった高き理想への歩み方が、以前よりも現実的になってきているのだ。リアリストが集まるイタリアという環境で敏感に感じ取った、サッカー観の是々非々。アメリカなどビジネスの舞台で広がる環境から伝わってきた、成功への本質。そして何より本田自身が痛感してきた世界トップレベルとの差異――。

今の彼を前にしてあらためて思うのは、断片的な切り口でその変化を否定するのではなく、変化こそがサッカー選手としての彼をより多彩にしているということだった。

最後に、もう一つだけ聞きたいことがあった。

——他分野で活動するからこそ、自分が住む日本サッカー界の問題点も見えてくると思う。その改革に向けて、例えば先頭に立つ立場になる考えはある？

「いや、俺はもっと面白いことをいっぱいやろうとしているから。サッカー以外でもね。サッカーだって、選手やっている今からクラブチームの経営に参加したりしているし、この数が今後は四つ、五つと増えていくかもしれない。日本サッカーを変えることだけを考えれば、日本サッカー協会に入って上のポジションを目指すかもしれない。

だって日本サッカーを変えるのであれば、協会で意思決定ができる存在になることが一番手っ取り早い。それはものすごく変えられると思う。でも、あくまで俺にとっては日本のサッカーだけを変えるなんていうのは、小さい話やから。サッカーだけでも世界という規模の話ができるし、サッカーだけじゃなかったらもっとデカい規模の話がたくさんあるわけやから。

とはいえ、今回は日本サッカーがテーマの話やからそこに戻すと、俺は今でもW杯で優勝したいという気持ちがあるわけですよ。それを自分が選手として実現できれば最高。でも現実的に、選手としてやれなかった時のことも、もう頭の片隅にはあって。俺が今、個人で育成とか経営の観点からサッカー界に関わっていることも、日本サッカーがトップを取るためのプロジェクトの一つ。そう考えています」

今回、こちらが取材して回るテーマについても、「話が小さいですよ」と一笑されてしまった。ただ、本田は紛れもなく日本人選手として戦う当事者である。

その意見、考えは彼らしく独特な部分があった。そして現実論を語る時も理想論を語る時も、とにかく真摯であり、前向きなところは変わらなかった。

２０１７年夏、新天地・メキシコ。誰もが予想しなかった、中米への移籍。本田はパチューカで好調を維持している。本職の中盤だけでなく、ミランと同じ右サイドでも攻撃的なプレーを取り戻している。

２０１７年末にはＵＡＥで開催されたＦＩＦＡクラブW杯に出場し、ブラジルの強豪・グレミオ相手にも好プレーを披露。復活の予感を感じさせた。

前を向く。決して、簡単なことではない。その力が、やはりこの男は抜きん出ている。それは初めて名古屋で出会った約10年前も今も、まったく変わっていない。

第3章　「輪」の戦術

戸田和幸——日本屈指の理論派解説者

これまで世界の最前線で戦ってきた、2人の選手に話を聞いてきた。「日本サッカーが世界で勝つため」なんていう、あまりにも漠然としていてなおかつ率直すぎるテーマ設定だったにもかかわらず、内田篤人も本田圭佑も、徐々に熱を帯びながら持論を展開してくれた。

ドイツで7年以上プレーし、選手としての自らの基盤を築いた鹿島アントラーズに戻った内田は、その見た目のクールさとは裏腹に無骨なまでに勝利へのこだわりを持つ男だということがあらためてわかった。

「勝者のメンタリティ」や「勝ち癖」といった言葉は、サッカーだけでなくスポーツ界全般でも使われてきた。しかし、その実に関しては、なかなか明確に説明されていないことも確かだった。

そんな難題を、内田は自分の経験則やサッカー観を織り交ぜながら、言語化していった。時に連綿と、時にぶっきらぼうに話していくその様子は、ポーカーフェイスではあるが感情豊かな内田の人間性の魅力そのものだったように感じた。

本田は本来の自分が持つ理想像を今も強く抱きながらも、ブラジルW杯やイタリアでの経験を基に、日本に欠けている部分を冷静に指摘していた。

ミランで活躍できなかったことは事実だが、ただ転ぶのではなくしっかりビッグクラブでの日々から学んだこと、そして反面教師にすべきことを、自分の思考と感情に乗せて意見に変えていく思考力を、あらためて見せつけられた。

彼の言葉の力は、やはり強く、聞く者を引きつける。それは世間でも共有されているイメージだろうが、こうした漠然としながらも本質的な話題の場合でも、独自の意見と熱量は不変だった。

普段は選手の一挙手一投足を取材し、記事にしている私。これまでであれば、内田の話は内田のストーリーとして、本田の話は本田の物語として、それぞれ記していけばよかった。

しかし、今回は一つのテーマについて、多角的な切り口をもとに論を進めていくことを選んだ。選んだというよりも、初めはただ自分が独自で進めてきた取材であり、それらをどんな方法で伝えていくかは定めていなかった。そんな中、その後これを一冊の本として発表する機会に恵まれた時点で、やはりより広角に話を進めていく必要性を感じたのである。

現役選手の考えを取材しただけで何かを書くということは、あまりにも安易すぎると思った。指導者や解説者といった、現在の日本サッカーに関わりながらもオブザーバー的な観点から冷静に課題やリアルな実態に触れられる人間にも、たっぷりと話を聞きたくなっていった。

今回登場してもらった戸田和幸氏は、現在の日本サッカーを主観的に、そして客観的に語っていただくには打ってつけの存在である。

清水エスパルスや東京ヴェルディ、サンフレッチェ広島などJクラブでプレーした経験はもちろんのこと、彼の名を一躍有名にした『赤毛のトサカヘア』で日本代表の一員として戦った2002年日韓W杯、さらにはイングランドの名門トッテナム・ホットスパーなど海外クラブでもプレーした経歴の持ち主である。

ここ数年は理論的かつ的確な語り口で、日本屈指の人気を誇る解説者としても活躍している。サッカーのコアなファンからは豊富な知識と鋭い戦術眼がウケている。さらにライト層の視聴者のことも考慮した平易な説明も織り交ぜるところに、戸田氏のサッカー人としての奥深さがあらわれている。

東京都心のホテル。

ガラス張りの大きな窓からは、優しい日差しが入り込んでいる。カフェの入口から、背筋がピンと伸びた、ジャケット姿の男性が入ってきた。遠くて顔が認識できなくても、その姿勢の良さと日を浴びながら堂々とこちらに歩いてくる姿で、その人であることがわかった。

これまで試合現場などで何度も顔を合わせることがあった。スポーツ総合雑誌の企画で、戸田氏がかつてプレーしたプレミアリーグに現在所属する、日本代表ＤＦ吉田麻也との対談を取材させていただいたことも。しかし、こうしてサッカーについて２人で膝を突き合わせて話をすることははじめてだった。

今回のテーマの依頼に、二つ返事で了承してくれた戸田氏。内田の意見とも本田の考えとも違う、非常にディープな内容の話が繰り広げられていった。

限定される多様性と競争

――まずは戸田さんが見る、今の日本サッカーと世界の主流ではどんなところに違いがありますか？

「一番の違いは、外国籍選手の枠じゃないですか。これはどうしても地理的な問題も影響するでしょうが、結局今の日本サッカー界は当然日本人の割合が高い。でも欧州のビッグリーグや強豪国では、自国の選手の割合が低くなりつつある。

もちろん代表強化に関して問題が出てくるという見方もありますが、いろんなところから選手が来て、指導者もやってくる。その多くが優秀な人材でもある。多様性はもちろんのこと、競争も出てくる。サッカー自体が本当に加熱していますよね。

今の日本は、チームや組織、集団としてまとめやすさはあるかと思います。でも競争心や多様性は限定される。日本人同士の関係がほとんどという状況では、どうしても成長に限界がある。

日本人には『察する』とか『空気を読む』とか、そういう要素がありますよね。でもその意識が強いあまり、意見をぶつけ合うことはあまりしない。まずそこが、他の国とは違うところだと思います。

同じような肌の色、顔つき、背格好、そして言語も一つ。外国籍選手が来ても基本は通訳が入る。そういう限定的な環境でサッカーをやっているのが、今の日本ですね」

――現在と戸田さんがW杯出場した2002年近辺を比較して、日本サッカーや選手のレベルは向上していると見ていますか？

「サッカー界全体はボトムアップしていると思います。指導者ライセンスが整備されて、一定のレベルのサッカー知識を持った指導者が全国各地に広がりました。ドイツのようなやり方をモデルケースにしていて、今では一昔前のように全然指導者がいないような地域はなくなってきています。

試合の競技レベルの面では、まずは当時と今では世界的なスタンダードが変わってきています。ただ、例えば今はスプリントの重要性が叫ばれるようになりましたけど、それは正直以前からみんなやっていなかったかな、と思ってしまう。

かつては今ほど明確なデータがなかったですが、最近使われるデュエルだとかインテンシティという言葉に代表される強度の高いプレーも、当たり前のようにやっていたところもありました。

あとは、Ｊクラブが現在Ｊ１からＪ３まで含めて50クラブ以上存在します。正直、どれだけの戦力がプロのレベルに耐えうるものなのかという疑問はあります。全体的にはプロになれる選手も増え、入れるクラブも増えた。

ただそれがＪ１などのトップレベルの強化にどれだけつながっているかがわからない。海外に出てプレーする日本人も増えているので一概には言えないですけど、正直日本サッカーのトップレベルのチームや選手の実力がかつてより急激に上がっているとは、僕の目には見えません」

フィリップ・トルシエ

戸田氏が日本代表として活躍した日韓W杯。チームを率いたのは、〝鬼軍曹〟の異名で呼ばれていたフランス人監督のフィリップ・トルシエ氏だった。

元来、サッカー界の常識では3バックシステムは相手の攻撃選手をDFがマンツーマンでマークし、さらにチーム全体の重心も低くなる守備的な戦い方と見られてきた。しかしトルシエ氏は、布陣全体をコンパクトにし、さらに3バックのラインを高目に設定した「フラット3」というシステムを日本に導入した。

チーム全体が機能的かつシステマチックに動くこの戦い方。自ずとプレーや動きの約束事も多く、トルシエ氏はその熱血指導と相まって執拗に自分の戦い方を選手に叩き込むやり方が印象的だった。

トルシエジャパンは日本にとって2度目の出場となったW杯本大会でグループリーグを突破。ベスト16でトルコに惜敗してしまったが、2010年の南アフリカW杯とともに日本の過去最高成績を残したチームである。

指導法には賛否が飛んだが、世界を相手に善戦したという事実。ボランチの位置で代えの利かない存在だった戸田氏に、あらためてその理由を語ってもらった。

「まず、あのチームはコンセプトがはっきり打ち出されていました。今の日本代表は、デュエルなど言葉だけがどこか独り歩きしている印象もありますが、例えばトルシエジャパンにもフラット3というフレーズはありましたが、それはあくまで戦術の一端でしかありませんでした。

トルシエ監督が植え付けたコンセプトは、これまでの一般的な３バックよりも特徴的なものでした。それに対して、初めの頃は選手もいろいろ疑問や恐れを抱いていたところもありました。でも、そこが結局あの監督が日本で成功した理由であり、日本とあのサッカーの相性が良かった理由なのかもしれません。

特徴的なコンセプトと戦術を、何回も繰り返し練習する。たぶん、ヨーロッパの選手のメンタリティでは、あの指導は受け入れられなかったかもしれない。『こんなのやってられねえよ！』となるでしょうね（笑）。でも、そこは日本人の勤勉さと忍耐力が手伝った部分もあった。

あとは、自立した選手というか、特徴がはっきりしている選手が多かったと思います。アタッカーの技術レベルは今の代表選手の方が明らかに高いでしょうけど、プレー内容で言えば当時のチームはすごくコンパクトで強度も高く、休む時間がないぐらいのサッカーだった。

もちろんそこにも弊害があって、攻撃でタメを作るような働きは求められず、中村俊輔や小野伸二みたいな選手は彼らが持っている攻撃センスを発揮しづらい戦い方だったところはあった。実際に俊輔はW杯メンバーから外れてしまいましたから。

僕があのチームに加わったのはかなり後期でした。２０００年のアジアカップを圧倒的な強さで制して、でも翌年にフランス代表とのアウェイ戦で当時の世界王者に大量失点を喫して完膚なきまでに叩かれた。そこでチームはマイナーチェンジを図って、そのタイミングで僕が入っていきました。W杯本番の前年でした。


世界各国との力関係を考えた時に、当時の方が今よりも個人能力の差はあったかもしれません。

ただ、サッカーは1対1で常に戦いを挑む必要はない。もちろんそれは軟弱でいいというわけではなく、戦う気概は個でも持たないといけない。それを一番持たされたのが、あのチームではもしかしたら自分だったのかもしれません」

スペインは守備の戦術もすごい

——今、話に出てきたサッカーにおける個という概念。あの当時はまさに日本が組織的に戦わないと世界には敵わないと言われ、それを体現していた時代でした。ここ数年は欧州でプレーする選手も増え、例えば本田圭佑を含め多くの選手が個の成長とぶつかり合いに意識を注いできました。

「その個という言葉の意味が、何を示しているのかによって考え方は変わってくるものだと思います。例えば、局面でのプレー判断も個の力です。個とは、1対1に勝つことだけではない。どこにポジションを取るか、いつ走り出すか、それもれっきとした個です。

大切なのは、それらをうまくつなぎ合わせるために、チームとしてのコンセプト、ルール原則は不可欠です。技術やフィジカルだけではなく、脳みその中ですら個ですから。サッカーは、肉体の部分だけではないです」

――そういう意味では、決して派手なプレーをする選手ではありませんでしたが、組織の中で頭脳的にプレーしていた戸田さんも個の能力が高かったと言えると思います。

「僕の場合は、テクニックとか攻撃の能力が大したことがなかったですから、やっぱり自分は何で貢献すればいいのかをずっと考えていました。チームのメインになる選手というのは必ずいて、それを支える脇役的な立場も必ずいる。もちろん僕は脇役でした。

中田英寿がいて、小野伸二がいて、じゃあ僕は何をすればいいだろうと。もちろん彼らにも要求すべきことはしっかり要求するけど、この人たちが持っている能力がどれぐらいのものなのかはわかっている。その力を出すために、自分はピッチでどう振る舞えばいいのか。そう考えた結果のプレーでした」

――よく個人戦術という言葉をサッカーでは使います。まさに戸田さんが武器にしていた要素でしょうが、この有無も個が優れているか否かを左右する大事な部分だと思います。本田圭佑は戦術大国であるイタリアでの経験から「日本人の個人戦術は低い」と話していました。ここが世界トップレベルとの決定的な差であると。

「そうだと思います。ただ、中には本当にサッカーを理解してプレーしている日本人も当然います。吉田麻也くんや岡崎慎司くんなんかと話していても、本当に理解しているなと感じます。きっと、そのレベルの選手たちがどれだけいるかが、その国の強さに比例するものだと思います。つまりそれが、層の厚さ。

スペインなんかはとてつもなく分厚い層が形成されていて、代表選手以外にも個人戦術に長けたハイレベルな選手がたくさんいる。実際、スペインは攻撃的なイメージだけど、守備の戦術もすごくて、きちんと組織立った守り方が個人レベルでも浸透している。このあたりの感覚を、日本人がどこまでつかめているのか、ということなんだと思います」

個人戦術とグループ戦術

かつての自身の経験や、現在の世界の潮流を冷静に見つめた上での意見を語る戸田氏。そこに感情的な発言はなく、すべて道理や筋道を立てて日本サッカーについて話していくところに、知的さが窺える。

話はそのまま今回の本題へ。戸田氏が考える、日本サッカーが進むべき道とは。

——戸田さんが考える、日本が世界に追いつけ追い越せとしていくために必要なものとは何でしょうか？

「言葉にするとすごく当たり前のように聞こえるでしょうが、基本的には今話していた個人戦術のレベルを引き上げた中で、どれだけグループ戦術の方法論をしっかり用いて戦えるか、でしょうね。

どうひっくり返っても、ドイツ人のような体つきの選手は出てこないですし、ブラジル人みたいな即興性に富んだ選手も出てきづらい土壌です。そういう現実は受け止めないといけません。

結局、陸上の世界でも日本の100m走を見ていても、サニブラウン選手やケンブリッジ飛鳥選手といった、混血の選手が好タイムを残す傾向がある。ならばサッカー界でもそういう選手が増えれば、当然選手の身体的特徴は変わってくることは間違いないですし、細かな組織プレーを度外視したパワーやフィジカル中心のサッカーができるようになるかもしれません」

——内田篤人も同じようなことを話していました。純粋な日本人選手が持つ身体では、アングロサクソンやアフリカンにはどうしても勝てないと。

「ただ、血の部分はなかなか難しい問題ですよね。日本という国、日本人のメンタリティの問題になってきます。もちろん昔よりもハーフの選手などは増えてきていますが、ではサッカーやスポーツ競技を強くするためだけの理由でそういう選手を意識的に増やすなんてことになれば、そこは国全体でも全く違う問題になってきますから。

とはいえ、一方でこれだけ日本の選手がヨーロッパに出る時代になったのですから、進んでいる方向は大きく間違っているわけではありません。ただ大事な観点は、サッカーは日本だけで行われているスポーツではないということです。日本からの視野とヨーロッパからの視野では、当然日本からのほうがまだまだ狭い。僕らは日本にいるからここを基準で物事を考えるけど、イタリアにいたらイタリアから物事を見ることになる。

では、サッカーにおいて、どちらがレベルが高い、もしくはスタンダードに近いと言えるか。それはもちろんイタリアのほうが高いし近い。スペインだって同じです。サッカーは、僕らが自分たちの場所だけの物事を話していても、意味がないんです。なるべく世界の標準的な感覚をしっかり学んで、距離を感じることです」

日本人監督か外国人監督か

――日本のサッカースタイルとはどんなものなのか？　という課題を突きつけられて何十年。代表監督が代わる度に戦い方も変わる状況で、どこかで定めないといけないとは言われているけどできていないという流れだと思います。反対に海外の監督のほうがサッカーを指導する説得力があることから、外国籍指導者を連れてくる流れも続いています。

本田圭佑は、日本人の監督を据えて瞬間的にはW杯出場を逃すなどの痛みを伴うかもしれないけど、スタイル作りをする上での我慢も必要なのかもしれないという考えを話していました。

「僕はその意見に関しては、少し違う考えではあります。監督は別に日本人じゃなくてもいいんですよ、スタイル、形さえしっかり作ることができる人であれば。世界のスタンダードを知っていて、なおかつ日本人特有のスタンダードも理解できる人であれば。

さらにそこから上のレベルに引き上げていける知識や方法論を持っている人であれば、どの国の人でもいいと思います」

――アルベルト・ザッケローニやハビエル・アギーレは、そのタイプに近かった監督だったのでしょうか？

「そうだと思います。それは日本人監督のほうがコミュニケーションは取りやすいでしょうけど、今の代表選手はヨーロッパ組も多く、彼らは日本にあるものよりもだいぶ高いスタンダードの下で普段からプレーしています。いろんな国の監督とも付き合っていて、そうした監督もまた高いスタンダードの中で指導者業を日々やってきているわけです。

現在の代表の主力を担う多くのヨーロッパ組からすると、正直Ｊリーグでしか監督経験がない人と仕事をすることになった時、納得できるレベルの話ができるかどうかということだと思います。

もちろん、監督の立場からすれば、日本だけでしか仕事をしてこなかったからといって選手に対して引く必要はありません。ちゃんと勉強して知識があって、方法論もある。それが今の代表チームにとってより良いものであれば、すぐに選手は理解するものです。

シンプルに言えば、納得させられる監督であればどこの誰でもいい。ただ現実的には、ある程度のネームバリューとトップレベルのスタンダードを学んでいる人で、日本という国を理解し代表に必要なやり方を提示できる人になります」

——その意味では、日本人の指導者も徐々に選手時代にW杯を経験した人など、世界を体感した監督が増えてきていると思います。

「少しずつは変わってきているでしょうけど、正直まだ日本のスタンダードを一段上に上げる革新的な何かを提示できている人はいないと思います。

例えば、スペインやドイツ、イタリアなどは今でも観ていて感銘を受けるようなサッカーをする指導者が出てくるわけです。イタリアであれば、アタランタのガスペリーニ監督。現在セリエAで最も攻撃的なサッカーをするナポリのサッリ監督は有名ですが、ガスペリーニ監督もサッリ監督も60歳前後と、決して若くはない。

でも、彼は守備の時にマンツーマンとゾーンを使い分けるという柔軟な戦術を駆使するのです。基本はマンツーマンなんですけど、相手の陣形によって守備の時だけ陣形を変えたり、選手の役割を変えたりするわけです。そんなことをやってくるおっさんが、まだイタリアにはいるわけです（笑）。

　そこで思ったのは、監督は基本的には自由だなと。どんなスタイルでも、選手を納得させられるかどうかなんだと。

　攻撃の時は３─４─３でも、３トップの右サイドの選手を守備の時には真ん中に動かして相手のアンカーにマークさせて、残りの前線２枚で相手のセンターバック２枚にプレッシャーをかければいいとか。

　何かに縛られるのではなく、いかにオーダーメイドに方法論を作れるかどうか。日本でも４─４─２や４─３─３というシステムは多く目にしますが、別に左右非対称な並びでなくてもいいわけです」


──日本人指導者の頭の中には、どこかで布陣に並べた選手たちを全員均等に動かすべきという考えがあるように思えます。その時点で、柔軟な方法論ではないかもしれません。

「例えば日本人のチームでも、１人の選手の動く量が多くなったり、どこかのタイミングで全体のバランスを崩してプレーすることがあってもいいわけです。『今日の試合、お前は相手の何番にとにかくついていけ』という指示が飛ぶことだってあっていい。

　世界のサッカーも徐々に変化していますし、今ではジョゼ・モウリーニョ監督もかなり変則なマンツーマンを導入したりしています。均等に選手を配置して、全員が動くのは連動ではないと思います。それは連動ではなく、まさにあくまで配置です。

本当の連動は、全体のバランスを崩した時でも、また新たなバランスが取れていることです。例えば、相手の攻撃を止めに行こうとすれば、最初の配置のままでは当然守れません。誰かが敵を止めるために、そこから動かないといけないですから。ただ、そうして陣形が崩されるのではなく、あえて意図的にこちらの陣形を崩しながらも次のバランス形に誘導していくのが、トップチームの連係です。

この考え方は、攻撃も同じになります。そのチーム、その選手たちに適合した方法論とは、つまり独自色であってもいいのです。日本のサッカーにはまだその独自色が、薄い気がします」

日本人と外国人の「輪」の違い

日々の取材、特に日本代表や欧州組の現地取材をしていると、記者である我々も「日本人とサッカーの可能性」について、考えにふけることがある。

基本的に、日本代表も日本人選手たちも、世界を相手には苦戦の連続なのである。それは当然日本よりもサッカー強豪国はたくさん存在し、トップレベルのリーグには日本人よりもレベルの高い選手が多く存在するからである。

そんな光景を目にして、悲観的な感情に支配されたことは一度や二度ではない。

「これは敵わんな……」

「何回やっても、勝てっこなさそうだ……」

嘆き節を心の中で呟いたものである。

戸田氏が語った、「サッカーは、日本でだけ行われているものではない」という一言。なんでもない当たり前のことではあるが、すごく核心を衝く発言だった。

日本のメジャースポーツである野球は、日本国内のスタンダードレベルが世界の中でも高い競技である。一方で、サッカーと比較すると世界中への普及、浸透度が低いスポーツでもある。決してドメスティックかつ保守的な視点ばかりでは、成長はないのは物事の道理。

ただ日本の野球界は競技レベルにおいて、アメリカとともに自分たちが世界をリードしているという自負と現実がある。自分たちの常識が、そのまま強豪への道を作ることとイコールと考えられることも多いだろう。

ただ、サッカーは考えれば考えるほど、目の前の現実を見れば見るほど、世界トップレベルへの道は険しいように感じる。

なにより、ラグビーほどではないだろうが、フィジカルやパワーがモノを言うスポーツである。それが日本人にとって、大きなハンディキャップになっている。

この現実を覆すには、相当な工夫と努力が不可欠。思えば思うほど、実現可能なのか疑わしくなってしまう。

記者として日頃から抱えているそんな思いを、戸田氏にぶつけてみた。すると、意外な方向に話は進んでいった。

――サッカーはなんだかんだ言って、フィジカル重視のスポーツでもあります。日本人の体格で幅のある動きやパワーを求められる場合、特にピッチに立つ11人全員が日本人である日本代表においては、やはり強豪相手に苦戦を強いられる画が容易に浮かんできます。根本的に、日本人にとってサッカーとは難しい競技なのではないでしょうか？

「今話された視点は間違いなく一理あります。ただ、日本人の特徴が強みになる部分もあるはずなんです。

日本人がよく使う『輪』という言葉がありますが、これをサッカーにおいても日本人は自分たちのストロングポイントだと思っているところがあります。その結果、強力な個に対して、組織力や連係で対抗するというような基本姿勢が出来上がっているわけです。

ただ、僕が感じているのは、サッカーにおいてはむしろ日本人はこの『輪』が弱い、脆いということなんです。僕たちは島国で生まれて、育ってきた環境も似ているので、だいたい他人がどんなことを考えているのかがわかる国民性だと思います。

最初に話した『察する』という言葉があることが、いい例ですよね。だから、なんとなく隣の人間ともわかり合っているという感じで味方同士になり、輪を作っていく。この『なんとなく』が、サッカーでは弱く脆い証拠なんです。

ヨーロッパの強豪国では、一応チームや集団全体のコンセプトがありますが、そこに対して『俺はこう考えている』というハッキリとした意思表示や主張がいろんな人間から出てきます。それがぶつかって、集団が破壊されるチームもある。ただ、逆にすごく強固な結びつきが生まれるチームもあるのです。

個々の融合が、足し算ではなく掛け算になっていく感覚です。この考え方や文化が、日本人の中にはなかなかない部分。日本人はあっても足し算止まり。実は足し算に見えても、足されていないような時もある。

この部分を、日本人の中でも勝負に関わる世界で生きている人は、もっと考えないといけない。日本人は協調することは得意ですが、突き詰めた協調ではなく妥協に近い気がします」

確固たる哲学を持った指導者

——具体的に、変容していくためには何が必要になると思いますか？

「それは教育だと思います。ヨーロッパに行って僕が思ったのは、大人と子供の目線が近いということです。日本は大人が子供を文字通り子供扱いする。これでは、子供の頃から自我は芽生えない。逆に言われたことを覚えていくような教育が多いですよね。サッカーなんて、特にそういう指導が多いように思います。

サッカーは、ピッチに出れば選手が主役だし、監督は全体のオーガナイズをする。もちろん監督と選手は、できるだけ近い距離のほうがいい。だから意見を交換する関係があってもいいのです。ただ、両者の間には明らかに立場の違いを示す線が引かれてもいます。

選手がそれを超えてこようとすれば、それは違うということ。日本の場合は、監督からの要求ばかりで、選手が近付こうとしたり意見を言おうとしたりはしない。そのあたりは、変えていくべきなんだと思いますし、そういう自立の促進が、選手の個人戦術を上げていくことにもつながります。

プレーの局面、局面での判断、決断。それはすべて選手自身の責任で行われるもの。自ずと、戦術や戦況を読む理解力が必要になってくるからです」

――日本人の協調性が脆いという観点は、意外な意見でした。それが武器になると言われて久しいですし、むしろ盲目的に信じている日本人は多いかと思います。

「わりと簡単に輪の鎖が千切れそうなこともあると思います。個人主義の集団がまとまって、彼らが一度つながった時の鎖の強度には勝てないわけです。化学反応もそういう個の連鎖のほうが起きやすい。これが掛け算ですよね。

ただ、選手ばかりにその意識を求めるのではなく、あえて掛け算を起こさせるような監督もいたりする。そういうやり方は選手には気づかれないこともある。マンチェスター・シティのジョゼップ・グアルディオラ監督なんかは、まさにそういうタイプですね。ただ狙いの度が過ぎて、人心掌握できない監督もいる。

いずれにしても、トップレベルの選手ですら、そういう監督にかかると『え?こんな考え方があるんだ』と驚いてしまう。まだまだそういう領域が残されているのも、サッカーです。

自分はこれから監督になろうとしている立場なので偉そうなことは言えませんが、一つだけ絶対にブレずに貫き通そうとしていることがあります。それは、指導者は選手から何かを問いかけられた時に、基本的には何かを返せないといけないということです。

選手と意見交換をして、主義主張をしながらも、そこは絶対に保たないといけない責任がある職だと考えています。そういう意味では、今後の自分にプレッシャーをかけるわけではないですが、日本にも選手の能力を最大限発揮させられる、確固たる哲学を持った指導者が必要です」

指導者のレベルアップ

――戸田さんがかねて監督を目指しているのは知っていました。今の時点で、そこまで監督業の本質を見つめている人はあまり目にしたことがありません。

「そんなことはないと思いますが、僕が選手を引退して指導者を目指す側の人間になったからではないですけど、日本サッカーを強化するためには指導者のレベルアップも選手強化同様に、本当に重要な部分だと信じています。

監督と選手の何が違うかと言えば、知識レベルは絶対に違っていなければいけません。選手はプレーをするのが仕事。指導者はプレーする選手に、必要な情報や練習を施すのが仕事です。ということは、日々の中で考えていることが全然違ってきます。

逆に言うと、選手が監督と同じことを考えていなければならない時点で、その監督が機能していないということになります。選手が知らないことまで監督は知っていて、その選手に対して必要なものを与えて、伸ばしながらチームを作る。これは理想中の理想です。ただ、実際にこれをやっているチームが世界にはいくつもあるわけです。だから、僕らがそこにチャレンジ、トライしないという選択肢はないと思うわけです。

僕は監督の頭の中にあるものを、選手が当たり前のように理解できていることは、まずありえないと考えています。だから、日々の練習の質がものすごく大切になってくる。そこまでの知識や方法論、経験に気概を持っている指導者が、もっと日本で増えていってほしいです。

簡単に言えば、世界相手に普通に『4―4―2で戦え！』という指導では勝てるレベルではないのです。相手はデカくて速い。そうではなくて、日本はやっぱり基本は強固な輪を作ってグループで戦うべきで、その中で局面の1対1をどうするのか。

単純なスピードやパワーでは勝てなくても、動きながら相手から離れた状態を作り出してボールを受けられれば、どこからでもクイックの動きでシュートを決める。日本人に必要な個人プレーは、まさにそういうものだと思います。

それを、グループ戦術も何もなしにただ単に前にボールを蹴って、そこで競り合うところで個を発揮しろという戦い方は、僕は日本には必要はないと考えています。やっぱり個人戦術を引き上げながら、その中で使える技術は身につけていかないといけないです」

レアル・マドリー

単純に縦に速い攻撃を仕掛け、球際ではただひたすらデュエルを求める。日本代表のハリルホジッチ監督が標榜する基本的な方法論は、これまでの日本が選択してこなかったフィジカルスタイルである。

確かに、戸田氏が現役時代に見せていたハードワークや激しいボール奪取に代表されるように、世界の舞台はタフな競り合いを避けて試合に勝てるほど甘くはない。その重要性を本当の意味で日本に突きつけたという側面では、ハリルホジッチのアプローチには意味があった。

しかし、あまりにも日本人の特徴を投げ打ってしまっている戦い方であるということなのだろう。戸田氏が言葉の中に滲ませたのは、そうした警鐘にほかならない。

無視はできないフィジカルプレー。そして日本がさらに真剣に強化していかないといけない連動性、個の向上につながるテクニック。チーム全体としても、これらのサッカーに必要なすべての要素をどんな塩梅で混ぜ合わせながら、方法論を見つけていくのか。

そこには指導者のさらなる鋭い洞察と観点、そして純粋な選手のレベルアップが不可欠。まだまだ日本サッカーの課題は山積である。

――今の日本代表の戦い方は、正直フィジカル面に偏りのある方法論になってしまっていると思います。

「まさにそうですね。日本人がフィジカルの強度を前面に押し出して戦うことは難しいでしょう。僕がイングランドでプレーしていた頃に感じたのは、190㎝レベルの選手がキュンキュンすばしっこい動きをするんです。

そんな個の能力の選手を、日本がフィジカルサッカーで止められはしません。週末の海外サッカー中継を観るだけでわかります。そんな選手がゴロゴロいるんです。確かに、デイテールを突き詰めずにデュエルやテクニックだけで勝っているチームも存在します。レアル・マドリーなんかは、今はそんなに細かい戦い方はしていません。クリスティアーノ・ロナウドがサイドではなくセンターFWの位置に移ったり、個々の最適なポジションに当てはめていったりということはうまくやっているとは思いますが、たとえばユベントスのような戦術とかはないです。

守り方も、DFと中盤の守備的な位置のカゼミロが、個の力でなんとか解決するだけ。でも、彼らはなんとかするんです。地球上で一番能力が高い選手たちが揃っているチームですから。

でも、あの戦いをそのまま他のチームに当てはめてはいけません。もちろん日本も、まったく違う次元なんです。世界ではそういう戦い方をできないチームが大半なわけですから」

イタリアっぽさ、オランダっぽさ

――当然クラブチームと代表チームでは、その方法論のアプローチも異なってきます。今話したように、日本代表は世界トップレベルではないため、何かイノベーションが必要ですが、壁もあります。

「クラブレベルと代表レベルのサッカーを観ていたら、それはヨーロッパや南米でもクラブレベルのほうがチームの戦い方は複雑です。やっぱり代表はトレーニング期間が短期になってしまいますし、継続的でもありません。だから、サッカーの内容も平坦になりがちです。

ビッグクラブにはいろんな国のスーパースターが一堂に集まりますが、代表になると分散される。戦い方も平坦でタレントも分散されるという点では、日本のような立場の国でもワンチャンス強豪に勝つ可能性はやはりあると思います。

ただ、ヨーロッパの代表は寄せ集めのチームでも選手の平均レベルが高いので、平坦な戦術でも戦えます。ここまで話してきたように、個人戦術も一定レベルに達しているので逆に選手たちがピッチの中で戦い方を作っていくこともできるのです。ただ、日本代表に関しては、代表チームとはいえもう少しチーム戦術のディテールを突き詰める必要があると思います。チームの明確なパッケージ作りですよね。

結局強豪国も平坦な戦術とはいえ、パッケージはしっかりあります。イタリアっぽさ、スペインっぽさ、オランダっぽさ、みんな思い描けます。そうしたベースがあって、普段は選手みんなバラバラの国や環境でバラバラの戦術で戦っているけど、いざ代表に戻れば自分の国の戦い方のベースが染み付いているのですぐにアジャストできてしまう。

それが、日本の場合はまだない。それが、自国のリーグを見ても、明らかなスタイルがないことからも証明できると思います。

ということは、日本はあくまで代表チームが国の方法論や型を作っていかないといけないのでしょう。トルシエ監督の頃は、アンダーカテゴリーの世代チームからトップのA代表まですべて率いたことで、先導して共通の戦い方を作ったことが、吉と出た例だと思います。

あの方法論が日本サッカーとは決して思わないですけど、今よりも代表チームのパッケージは明らかに出来上がっていたとは思います。

だからこそ、やはりですが日本サッカーは代表チームがどんなスタイルで戦うのか。その方法論がしっかりサッカーの本質をつくものでなければならないでしょうし、その構築なくして成長も鈍化してしまうのではないかと思うのです」

テーブルの上に置かれた音声レコーダーに目をやると、ゆうに2時間を超えていた。

「僕、お酒はまったく飲まないんですよ。おもしろくない奴ですよね（笑）」

そう話しながら紅茶を口にする戸田氏。冷静かつ明晰でありながら、その行間にしっかりと熱さを滲ませる語りは、アルコールの力など必要なく彼が情熱を持って発信、表現できる人間であることを十分に感じさせるものだった。

普段から、サッカーに関わるあらゆる人たちを取材してきたつもりだった。実際に選手に監督やコーチ、クラブスタッフにチーム強化部の人間と、記者の取材業は一方向だけで行われているものではない。

ただ、客観的に自分の仕事を見つめると、その中でも一番長く、深い時間を共有しやすい選手の考えや思いに、こちらの筆も乗りやすいものであることも確かだった。

本田や内田の、濃厚な語り。もちろんそれだけでも十分刺激的な考えに触れることができていたが、戸田氏への取材がさらにテーマの方向を定めてくれたような気がした。

きっと、この方なら今回のテーマについて、チームマネジメントや戦術などのアプローチといった切り口で弁を振るってくれるのではと期待していた。そして、その期待通りに日本サッカーに対する厳しさと愛を持って応えてくれたことに感謝したい。

個人戦術の大切さ、指導者の本質的な取り組み、日本人の「輪」の脆さ、そして日本サッカー強化に向けた日本代表の牽引力――。包括的な観点でありながら深部にまで話が及んだことで、さらに日本が進む道の輪郭が見えてきたのではないだろうか。

第4章　圧倒的な技術

藤田俊哉――オランダ・VVVフェンロを優勝に導いたコーチ

現役選手に取材したのであれば、現役監督にも話を聞くべきだろうか。当然のことながら、そんな思考順路になっていった。

戸田氏の話にもあったように、サッカーにおいてやはり最も重要人物であり、チームという組織のカギを握るのは指導者、指揮官である。

自らのもつ色を、指揮するチームに濃く反映させている監督であればあるほど、興味深い。

とはいえ、こうした取材は一方で監督にとっては哲学の「お披露目の場」となってしまうことも往々にしてある。普段の新聞や雑誌のインタビューであれば、その方独自の理論を聞き出すことが記事作成の目的にもなるが、今回は「俺のやり方」的な考えに着地するような話ではなく、より日本サッカー強化について冷静かつ客観的な側面から、熱量を持って話してもらえる人が適任だと思った。

本田圭佑の章を読んで、「おい、待てよ」と思った方もいるかもしれない。確かに、彼の語りは経験から来る客観性もたくさんあったが、同時に主観的な意見も多分に入っていたかもしれない。

ただ、それは一つには本田のあの粒立ったキャラクターだからこそ成立する主張であるだけでなく、やはり何を言っても選手の立場であることも大切な事実だった。

どれだけ声高に主張しても、戦術の選択も選手の起用法も、もちろん自身を使ってもらえるかどうかも、それはすべて監督に委ねるしかない立場なのである。だからこそ、内田と同様にその考えをお披露目する目的ではなく、純粋にこちらも伝えやすいところがあった。

と、いろいろと話を伺うには誰が適任かについて、ダラダラと書いてはみたが、実は今回のテーマを抱えて取材をする上で、この人のところには必ず行こうとハナから決めていたのであった。

写真：VI Images/アフロ

藤田俊哉氏。

サッカーファンにとっては言わずと知れた、ジュビロ磐田の黄金期に10番を背負い輝いたMFだ。中山雅史《なかやままさし》、名波浩《ななみひろし》らとともにサックスブルーのユニフォームを身にまとい磐田を強豪の道に導き、さらに日本代表やオランダ・ユトレヒトでのプレーも経験。その後、名古屋グランパス時代にはMFとしてJリーグ史上初の通算100得点を記録し、2011年いっぱいで現役を退いた。

名古屋時代には、若き日の本田や吉田麻也にプロ選手としての「いろは」を教えた存在でもあった。川島永嗣《かわしまえいじ》も含め名古屋でともにプレーし、日本代表で長年活躍する彼らは、現在も定期的に先輩の藤田氏に連絡を取り親交を深めている。

なぜ、今回藤田氏に会いに行くと決めていたのか。それは、現役引退後に彼が選択した道と深く関係している。

2014年、藤田氏は指導者の道を目指し始めた。多くの人が日本国内で挑戦し始めるのに対して、彼は海を渡ることを決めた。

その行き先は、オランダ。

かつて、自身がプレーした経験のある国であったこともさることながら、本田や吉田が欧州でのキャリアをスタートさせたクラブ・VVVフェンロとの深いつながりも関係していた。

藤田氏のビジネスパートナーだった人間が、VVVの会長と長年関係を築き、そこから彼に指導者の道が開かれていった。サッカー先進国のオランダで、強豪国とはいえない日本人が指導者として働く。これは、今でこそ欧州でプレーする日本人選手は増えているが、全く話の次元が異なるものだった。

それでも、藤田氏はなんのためらいもなく挑戦をスタートさせた。意義のある、価値のある挑戦かどうか見抜くことを、彼は人生の中で常に大切にしている。そしてそれが有意義だと捉えた瞬間、他人ではためらうようなことでも飛び込んでいく思い切りの良さがある。藤田氏の人間としての、大きな魅力だ。

初めはトップチームのコーチをしながらも、育成年代の指導も巡回するなど、研修の時期が続いた。徐々に持ち前のオープンマインドな性格で周囲の信頼を勝ち取ると、翌シーズンからは正式にコーチの立場として、トップチームの若手を束ねたセカンドチームの監督も経験していった。

しかし、藤田氏にはある大きな壁が立ちはだかっていた。

彼が持つ指導者ライセンスは、日本サッカー協会（ＪＦＡ）公認のＳ級＝ＡＦＣ ＰＲＯライセンス。これはアジアと日本国内ではトップライセンスで、Ｊリーグクラブを率いるためには必須となる資格だ。しかし、このＡＦＣ ＰＲＯライセンス（ＪＦＡのＳ級）が、オランダの監督資格として認められていない現実があった。

ＵＥＦＡが認定するトップライセンスとの互換性を申請した実例がないため、その手続きに振り回されることとなった。藤田氏は特例としてコーチまでは務められるものの、トップチームの監督ができないままだったのである。

オランダのコーチ協会には登録されている。登録者数は５００人を超えるが、アジア人は藤田氏がはじめてだった。コーチ協会は藤田氏が持つ日本のライセンスはＵＥＦＡのトップライセンスに匹敵するとみなしていた。

ただ、オランダは自国の資源も少なく、なにより人材こそが一番の資源の国家。サッカークラブの監督とは当然数が限られた職業でもある。そこで外国人が台頭するには、指導者として絶大な実績を持つタレントでない限り、国から就労許可が下りることはないという。ちなみに、実際にEU圏外出身者が監督になった例はない。

2016―17シーズン、VVVはオランダ2部リーグで優勝を果たし、1部昇格を果たした。藤田氏には継続してコーチのオファーがあったが、ここである決断をする。

「まだまだ、指導者としての道を諦めたわけではない。オランダで働けば、慣れ親しんだスタッフや温かいフェンロの人たちの中で過ごせた。でも、(ライセンス面で)自分の状況が変えられない中で、また次の挑戦をするべきタイミングだとも考えていた」

2017年夏。藤田氏が次に向かったのは、イギリスだった。

現在、イングランド・チャンピオンシップ(プレミアリーグの2部にあたる)に所属する古豪リーズ・ユナイテッド。

今度はそこの指導者ではなく、強化スタッフとしてビジネス畑で働くことになったのである。アジア市場の開拓や若手獲得のリサーチ、さらにはこれまでコーチ時代からつながっていたオランダやドイツ、ベルギーなどの各クラブと提携関係を結び、選手の移籍成立を先導するようなタスクを任されたのだった。

現役時代の質の高いプレー。その能力をベースに培った豊富な経験。そこに、名のある日本人の元選手としては初めて欧州での指導者として歩み出し、さらにはサッカー界を広い視野で見渡し転職。

選手として、指導者として、ビジネスマンとして。日本と世界の差を生の感覚で知る人は、藤田氏を措いて他にいないように感じたのだった。

イギリスのビジネスマン

イギリスには、２０１２年夏に吉田麻也がプレミアリーグのサウサンプトンに加入して以降、すでに10回を超える頻度で取材に訪れていた。

彼の連載をスポーツ総合誌で担当していたこともあり、試合などでロンドンをはじめ各都市を駆け回っていた経験があった。

数々のプレミアリーグの取材。それは、紛れもなく記者としての私の血肉になっていた。

初めての取材は、ロンドン西部のスタジアム、アップトン・パーク。

今はロンドン五輪のスタジアムに本拠地を移したウェストハム・ユナイテッドのかつてのホームスタジアムで、周囲は中東人やアフリカ人の移民街が広がる、お世辞にも治安のいいエリアではなかった。ただ、少々身を縮めながらも取材に向かったことが、試合へのなんとも言えぬ高揚感につながったことを覚えている。

また吉田を追いかけ、オールド・トラッフォードでマンチェスター・ユナイテッドに惜しくも屈する場面や、リヴァプール相手に聖地アンフィールドでリーグ開幕戦を迎える姿など、刺激的な瞬間に立ち会えたこともあった。

スピードもパワーもテクニックも、個の能力のトップレベルがガチンコでしのぎを削る、イングランドのピッチ。その光景を見て、日本のサッカーの可能性をどこまで信じられるかといった思いに、何度もなったことがある。そんな胸を熱くする経験の数々が、今回筆を執るきっかけになったのかもしれない。

リーズを訪れるのは、初めてだった。イングランド北部の都市であることは知っていたが、イメージとしてはリヴァプールやニューカッスルのような無骨な雰囲気が漂う街だった。

しかし、想像を裏切るように、中央駅に降り立つと都会のビル群が迎え入れてくれた。大都市さながらの林立した高層建築を通り抜け、10分ぐらい走ったところにクラブ事務所も内包したホームスタジアムが現れた。

オランダに取材に行った時には、ジャージを着て屈強な肉体の若手選手たちを指導する藤田氏の姿が印象的だった。

リーズでは違った。

ビシっとしたテーラードジャケットとスラックス。そこに、カラフルなチェックシャツを合わせるところがいつも藤田氏の見せる着こなしの遊び心。紳士の国でビジネスマンとして働く彼の姿が、そこにあった。

この日から3日間、強化スタッフとしての仕事や試合視察に同行し、密着取材を行うことになった。その中で、今回のこの本のテーマについて伺う機会も得ることになった。話は、ちょうど吉田麻也が出場したサウサンプトンの試合を観戦しに行った、その夜に聞くことになった。

車でリーズに戻る道すがら、助手席に座る私が唐突に話を切り出した。

日本人は技術が足りない

――オランダ人というサッカー強豪国の選手を指導した日本人はそうそういないです。さらに選手目線でも、代表やオランダ時代に感じたことはあったはずです。あらためて、漠然とした質問ですが、日本サッカーと世界の間にある差は何だと思っていますか？

「一言、日本人は技術が足りない」

戸田氏との話に続いて、またしても意外な答えが飛んできた。日本人は連係プレーや組織立った戦い方が得意という一般論に対して、戸田さんはキッパリと否定した。同じように、技術やテクニックと言われる要素は、世界と対峙した中でも日本が武器にすべき部分だと認識している人は多いはず。それを、藤田氏は開口一番、否定したのだった。

藤田氏は続ける。

「まずその前に、可能性のある選手は、全員世界市場に出たほうがいいと考えている。全部出して、戦わせるぐらいがいい。一抹の不安は、日本に若い有能な選手がいなくなれば、国内のレベルが低くなるということ。ただ、日本は育成までのレベルは高い。やっぱりしっかり育ってきた選手には、世界で戦うチャンスは与えないといけない。

それに心配するほど国内リーグが盛り上がらなくなることなどない。次の選手は必ず現れるもの。またそのような選手を育て続けなければならない。今後リーズでは、自分が日本のそういう才能に対して、チャンスを作る仕事も大切になってくる」

――日本の育成がなぜ良いと感じたのですか？

「育成年代の指導者の指導方法は、ヨーロッパと比較しても優秀だと感じている。ただ日本の指導者が世界で認められない理由にはフットボールがヨーロッパのスポーツという認識が強いことがあげられる。我々が考えている以上にヨーロッパから見る日本は遠い国だと考えられている。その上、日本人は語学への対応力が乏しいとも考えられている。それから、日本代表がＷ杯でまだ際立った結果を出していないこともある。あとはプロとしての経験も少ない。つまり、歴史の浅さも関係している。もし同じ土俵に立てたなら、日本人はもっと通用するだろう。

いろんな意見があると思うけど、日本人のサッカーリテラシーは非常に高いと僕は考えている。Ｊリーグが１９９３年に誕生して25年、日本のサッカー選手は数多くヨーロッパに渡れるほどに成長していることがその理由とも言える。

それは一にも二にも、リテラシーが高いから。ただ、サッカーに対する本当の経験値の高い低いは、ヨーロッパに来てみないと測れないところがあった。こちらに来てその両方の比較ができた。ヨーロッパのフットボール文化と日本のそれとではまだ大きな開きがある。それがこの先に一足飛びには変わらないだろう。しかしそれを悲観する必要はない。時間をかけて進めばいいのだから」

――では、ここからの壁を越えるには、どんなことが必要なんですか？

「自分たちがこういうサッカーをするというスタイルを明確に打ち出すことが大切となる。日本のサッカースタイルを、外国人から見てもハッキリわかるようにしたい。

それができれば、そこに沿っていく指導者も進んで行ける。その人たちはきっと海外でも指導者としてチャレンジできる。そんな循環を早く作らないといけない。

そのような型を作ることは難しいと考えている方々は多い。現にこれまでもみんながこの課題を上げ続けてきた。しかしそれは簡単で。まず一つの方向性を打ち出し、そこから微調整していけばいい。決断さえすれば、あとは進むだけ。その後はやらなければならない順序もはっきり見えてくる。もちろんそれは何でもいいわけではない。充分議論を重ねサッカースタイルを決めたい。

それが決まれば日本サッカーの指針も定まる。今までそれが明確な形がつくられるまではいかなかった。例えば、昔のイングランドのようにキック&ラッシュを主体でやるのでもいい。ただ、自分の考えを言えば、勤勉な日本人がやるサッカースタイルは、自ずと決まってくる」

日本人が武器にすべき3つの要素

――日本サッカーが定めるべき指針とは？

「圧倒的な技術を身につける。それをベースにした戦い方を、日本のスタイルにする。スペイン人にも勝るとも劣らないレベルになるように。今は、本当にそんなことできるの？と笑われるかもしれないけど、本気で彼らを超えることを目指すなら、それくらいの覚悟をもって進まなければならない。

日本人は俊敏性にも長けている。それはヨーロッパの大柄な選手よりも絶対的な武器となる。圧倒的な技術と俊敏さ。日本人が体格のいい外国人に勝つために、それらを生かさない手はない。あとは勤勉性という話をしたけど、そこから発展した規律性。

この3つを、もっともっと徹底する。これらを揃えたら、世界に勝てる。ただ現状では、その内の1つの技術はまだまだ足りない。

では、技術力を上げるとは、何を磨くということなのか。それは、ボールを蹴ること。ボールを蹴ると言うと単純に聞こえるけど、これについて私たちは理解できているのだろうか。現状は、ものすごく中途半端に捉えていると感じている。

それが大事なことだとはみんなわかっている。でも、なぜ大事なのか。どうすれば向上できるのか。そこはまだ理解していないのかもしれない」

世界との差はキックの技術

――どんどん疑問が湧いてきます（笑）。では、日本人は何を理解すべきなんですか？

「それは、テクニックとは何か？　とも言いかえられる。ボールを止めて、蹴る。めちゃくちゃシンプルなこと。日本の選手は、このサッカーの基本のレベルをもっと高めたい。

上手いと盲信している人が多いかもしれないけど、根本となる考え方が違う。まず私たちは『ボールを蹴る技術を高める必要がある』という考えをもってスタートすればいい。

ボールを止めることに関してはできている選手もいる。でも、蹴ることはまだまだだと感じる。

なんでこう思っているのか。それは何より、自分が蹴ることが下手だったから。それは現役時代からずっと自覚してきた。周囲の印象は違ったかもしれない。ということは、本当の意味でキックが上手いとジャッジできる人自体も少ないのかもしれない。

ヨーロッパに来て一番の差を感じたことは何なのかと聞かれたら、それは日本人選手よりも、圧倒的にヨーロッパの選手の方がキックの技術があることと答えるだろう。日本人選手のほうが技術があると言う人もいるけど、蹴ることに関しては到底敵わない。それは技術の概念が違うからかもしれない」

——ただ、蹴ることには、例えば筋力の強さも関係してくるのではないですか?

「キックの本質は、実はそこではなくて。例えば、スティーブン・ジェラードのキックを見て、筋力が違うという見方をされることがあるけど、むしろ足を振る際の遠心力や関節可動域、そしてボールの接地点に目を向けないといけない。一言で筋力と片付けてはいけない話で。

今日、(吉田)麻也とオランダ代表のファン・ダイクが試合前の練習でボールを蹴り合っていた。あの2人のキックの感覚は、僕とは明らかに違う。2人を見ていて、あれぐらいの足の振り方なら30ｍぐらいのキックかなと思っていたら、平気でその振りで40ｍ以上のレンジを正確に蹴り合っていた。

彼らは筋力で蹴っていない。もちろん筋力はあるに越したことはないけど、ただサイズだけで片付けられるほど、サッカーの技術は単純ではないから」

――指導者が初心者にインサイドキックやインステップキックなどを教える、その時点から意識付けが必要になってくるのですか？

「例えば指導者の中でもサッカーを観ている人たちの中でも、『どんなキックが良いのか？』という議論をした場合、どういう展開になるのかな。キックに対して、一人ひとりがどのような考えをもっているのか。まずはそのようなことから取り組んでもいいのかもしれない。

僕はキックは下手だったけど、実はキックの本質に対する持論はあった。ただ、それが結局体現できなかった。ボールのスイートスポットを探すことやインパクトまでの動作。その答えは頭ではわかっていたけど、最後まで完璧には体で再現できなかった。

上手い選手は、ボールのどこに当てれば一番強いキックができるか、スイートスポットがどこなのかを絶対につかんでいる。動作に関しての分析も鋭い。それをつかむためには、数を蹴ることも必要。

あとは、ボールを強く蹴ることをまずは意識すること。うまくコントロールしたボールを蹴ろうとするのではなく。すると、強く蹴るからミスが多くなっていく。それだからこそ、今度は強く蹴りながらどうすればコントロールできるか、その蹴り方を見つけようとする。それが、スイートスポットを探す作業になっていくということ。

みんな小さい頃はキック力をつけるために重たいボールを蹴れば力がついていい、と教えてもらった経験があると思う。だけど僕の答えは反対で、初めは軽いボールを強く蹴ることをしていったほうがいい。これが僕の持論。

あとは、キックというのは実は蹴るという感覚よりも、動作の中にボールを入れていって前に飛ばす。この感覚に近いほうがいい」

――動作の中に入れるとは、もう少し詳しく話してもらえますか。

「蹴るフォーム、その動作の一環にボールが入ってきて、前に飛ばす。ボールありきではなく、動作の中の1つのポイントに、ボールをインパクトする部分があるという感覚。これをつかめるかどうか。

だから、野球のピッチャーのように、サッカーもキックのフォームや動作を定期的に見直したほうがいい。キックのフォームを理解し、ボールのスイートスポットに当てるところを意識できれば最高となる。人の骨格はそれぞれ違うから、まずは動作のフォームを身につけた方がいい。一番力を伝えられる、自分にあった動作を身につけ、蹴るポイントを定める。これを指導者が外からの視点で見てあげれば上達のサポートになる」

——ズバリ、キックを改善すれば、日本は実力が上がると？

「上がる。アジリティ（俊敏性）は日本人には持って生まれた特性がある。さらに持久力もある。キックが上手くなれば、間違いなくシュートも上手くなる。みんなパスをつなぐことを考えがちだけど、シュート精度は絶対に上がるから」

テクニックが先、パワーは後

技術。それは止める、蹴る。特に蹴ることの本質について声高に主張する藤田氏。一方、その観点のみでは、現在主流のフィジカルサッカーにどう対処するのかという部分が抜け落ちているように感じた。さらに話を続ける。

——今はデュエル全盛で、攻撃も縦に速いサッカーが主流です。日本人も技術以外に意識するところもあるのでは？

「デュエルと言っても、イングランドなど海外でプレーする選手とかに日本人が勝つには、正直外国人の血を入れていかないと厳しいのでないかと思ってしまう。だから、個人的にはデュエルだけ取りだして相手と対等に渡り合おうとするのは現時点では相当無理がある。

ただ見方を変えて、技術の先にあるデュエルを追求するのであれば、話は違ってくる。圧倒的な技術があれば、デュエルに勝てる確率も上がる。次のプレーを考えた所にボールを的確に止める、つまりコントロールさえできれば、どんな相手が寄せてきてもボールは自分の支配下にあるので慌てる必要はない。

デュエルは、体のバランスやボールの置き所がずれた時に、負ける確率が高まる。これは完全に自分の実体験からで。ボールを的確にコントロールした時には、僕はこの小柄で華奢な体格でも競り合いでボールを奪われることはなかった。だから自分はイメージ通りのサッカーがしやすかった。

デュエルで負けるのは、体もボールも自分がコントロールできていない時。体勢が悪くて相手に当たられたら、それは負けてしまう。スペインのシャビやイエニスタなど、なんで相手に寄せられても動じないのか。それはプレーにおいて完璧に近い確率で、ボールを自分の支配下に置くことができているから。

可能な限り減らしたいのはファーストコントロールにおけるイージーミス。止める場所が悪いと焦ってしまい、無理な体勢で相手にぶつかり合うことになる。そんな時は体のバランスを崩してしまうので大きい相手に潰されてしまう。そこでは確実に体のサイズがモノを言う。

コントロールがばっちりできれば、すべて準備ができているも同然。相手に寄せられてもボールキープできるし、さらに味方の動き出しを見る余裕も生まれる。

　年々フィジカル面が重要視されてきているサッカー界ではあるけど、忘れたくないのはサッカーは体のサイズがなくても活躍できるということ。何よりもまずテクニックや状況判断があって、その次にサイズやパワーとなってほしい」


　――そう言葉にされればすごく合点が行きますが、ただ確かにそこまで技術を徹底はできていないのが日本の指導でもあります。

「僕ら日本人が世界トップレベルに進むためには、テクニックと判断力を磨き続けるしかない。そのテクニックをぼんやりした印象で捉えるのではなく、定義をしっかり決めないといけない。それは何度も言うように、止める、蹴る。言葉にしたら本当に単純だけど、その本質は今話してきたようなところにある。

　まずはそれを日本人選手がもっと広く理解して、初めて選手全体のレベルアップ、さらには日本サッカーのスタイル構築へという順序ができてくる。ドリブルという技術とかは、その後の話。

　ドリブルが上手くない選手でも世界で戦える人はいるけど、基本である止める、蹴るが下手な選手は世界ではなかなか通用しない。このサッカーの常識を、僕はこちらに来てあらためて感じている。僕が世界で大きく活躍できなかったのは、蹴ることが下手だったから」

――そんなことを現役時代から感じていたんですか。ただ指導者としてヨーロッパに来て、あらためてその観点から発見はありましたか？

「基本は日本にいた時と考えは同じ。それをこっちに来て確認できたところはある。自分の感覚は間違っていなかったんだなと。ただヨーロッパでプレーする選手のほうがキックが断然上手いということは、こっちに来てより痛感した部分だった。

さらに言えば、ＧＫも日本と世界とでは決定的な差がある。これもキックに関係していて、子どもの頃からシュートが強くて上手いから、自ずとＧＫの実力も上がっていく。見ていると、ここはもう完全に相乗効果の関係が出来上がっている。

確かに日本と違って、ヨーロッパではＧＫは花形ポジションで能力の高い選手が揃っているところもある。でも、ＧＫの成長とキックの上手さは深く関係している」

世界でも珍しい日本人の職人的な潜在力

キックのレベルが、トッププロのプレーレベルをも決め、さらに育成のカギをも握る。

藤田氏はそう力説する。

キックこそがサッカーというボールスポーツの根本であり、もう一度日本のサッカー界はそこを見つめ直さないといけないという考えは、確かに競技の本質もついており、また自分たちの足元を見つめるという意味でも意義ある提言だ。

蹴る感覚の上達は、むしろ幼少期や十代の頃のトレーニングがモノを言いそうだ。では、純粋にどうすればキックが上手くなるのか。藤田氏がまた新たな見方の提言をする。

——どうすれば、日本人はキックが上達すると思いますか？

「シンプルに言えば、子供の頃から正しい理論に基づいたフォームで蹴り込むことが重要。次にボールを変えられれば更にいい。小学生は大人の５号球よりも小さい４号球を使用しているけど、大事なのは大きさよりも重さだと僕は考えている。

子どもの頃、バレーボールを蹴ったことあるかな？　サッカーボールよりも自分が思ったように蹴ることができるし、すごく変化もするから面白かった。重たいボールを蹴ったら、当然あまり飛ばないし高くも蹴れない。でも軽いボールは強く蹴ると変化しやすく、大きくも曲がる。当然ＧＫもそれに対応しなければならない。

少年時代に重たいボールを蹴って育ってきたけど、基本的に子供は飛ばないボールでプレーしても面白くないんだよ。魔球を蹴ることができるから面白いわけで。それを強く蹴ることで、徐々に蹴る楽しさと強いボールを蹴ってもコントロールする感覚を身につけられるようになる。

僕は大人になるにつれて、幼少期に教わった蹴り方と、自分で感覚をつかんだ蹴り方がマッチしていなかった。よく、『軸足を踏み込め、蹴った後も動かすな』と教えられた。でも蹴り足を強く振れば、自然と軸足は浮いてしまうもの。これが体の道理。ヨーロッパの選手たちもみんなそういう蹴り方をしている。

だけど、彼らはこんなことをわざわざ言葉にしない。歴史の中で、体に身にしみて自然とやってきたことだから。でも僕たち日本人は、こういうところから見直して、突き詰めていかないといけない。なぜかと言えば、私たち日本人と欧米人では骨格が違うから。だからより体の体勢や動作を追求していかないといけない」


――そうした育成からの見直しを考えると、やはり日本サッカーが世界に追いつくにはまだ年数がかかると。


「止める、蹴る。それらの考え方を見直すことは、プロ選手になってからでは正直言って遅いところがある。だから育成年代から技術の本質を見直していかないといけない。その上で考えても、10年単位でのプランで世界との差を埋めて行くことになるから時間が必要にもなる。

また良い選手が集まった強い世代とかは出てくるかもしれないけど、でも日本サッカーの基盤の底上げをするには10年では足りないかもしれない。

でも、慌てなくていいと思う。ヨーロッパだって100年という長い時間の中で成長してきたわけだから。僕はせっかちな性格だし、もっと日本が早く世界に追いつけると考えてきたけど、細部にわたり突き詰めて進んで行かなければならないことを、そんな数年でできるはずもない。でも、それでいい。自分たちの歩幅というものもあるから。

こうしたことにあらためて目を向け、議論し改善していく。そしてそこから順序立てて、選手もチームも国も、プレーの戦い方や型を決め切ること。10年では追いつけないけど、成長を早巻きするチャンスは自分たちにはある。たった20数年でここまで来れたわけだから。強豪国が100年経ってできたことを、50年でやれるかもしれない」


――ただ、これから強豪国も彼らのスピードで成長を続けることになります。

「もちろん。周りが止まっているわけではないし、自分たちだけが進んでいるという論点で考えてはいけない。後発組の日本にとっては非常に難しい作業が待っているが、大きく成長できる可能性がある。

僕ら日本人には世界的にも珍しい部分というか、職人的な潜在能力がある。これは、世界でも負けない武器になる。では、サッカーの中で職人的に取り組める要素とは何か。それは、ストイックに技術の向上に力を注ぐことだろう。

この気質を、ここで生かさないでどこで生かすのか。イニエスタやシャビに、人々は必要以上にデュエルを求めるかといえば、そうじゃない。ということは、我々日本人も進むべき道も明確となる」

――サッカーのスタイルには時流があります。ただ、日本はそこに必要以上に引っ張られなくてもいいということですか?

「まずはとにかくベーシックな型をより明確に打ち出さないといけない。でもそれがなんなのか、日本は決め切れていないように感じている。今日の話でいうと、キックの重要性など細部にわたって再度考えていく必要もある。

サッカーのいろはの『い』をつかむことができれば、その後はスムーズな成長につながり、強くなっていけると信じている。

まずは戦う術、戦術を整える前に、戦う道具を準備しないと始まらない。サッカーの技術とは、最低限必要な戦う道具。それが道具の使い方を完璧にする前に、戦い方に目を向けてしまうと混乱が生まれる。

空から攻めるぞと言っても、飛行機の準備ができていなければ効率よく攻められない。陸からと言っても、戦車が充分でなければどうにもならない。

日本が世界に対して、デュエルで対抗するのなら、まずは技術や動作をもっと研究すべき。今日もファン・ダイクのプレーを観てわかったと思うけど、純粋に体と体をぶつけあっても我々日本人には勝ち目がないのが現状である。

日本人が彼のようにプレーしようとしなくてもいい。何で対抗するのかといえば、職人的に武器を磨く、つまり技術力向上あるのみ。技術が完璧になれば、デュエルに対しての自信も生まれる。そうなれば勝てる確率も上がる」

技術力はオランダが80、スペインは？　日本は？

話の場は車を降り、宿泊するホテルのカフェに移動していた。ふと大画面を見上げると、その日のプレミアリーグのハイライト映像が流れていた。吉田はこの日の試合で、ＤＦながら見事ゴールを挙げていた。

「お、今日の麻也のゴールだね。難しいボールだったけど、よく決めたよ」

藤田氏が後輩の活躍に目を細めていると、選手のプレーを見分けることと指導力の関係性について話し始めた。

「こうしてハイライトを観ていても、いつも大体、『この選手はＭＦだけどこういうタイプ』とか、選手をしっかり分類して見られるようにしている。それが人を指導することにも役立つから。

ボールを止める、蹴るにおける観点だけで話すと、本田はキックが上手い。ヒデ（中田英寿）も止めるよりも蹴るが上手かった。高原（直泰）は止める、蹴るが両方上手い。切り返しからのシュートに移るバランスがいい。

（中村）俊輔は蹴ることが特別にすごい選手。小野（伸二）も蹴ることと止める技術が多彩。小野と俊輔は両方においてボールを意のままにコントロールすることができる選手。僕はと聞かれれば、相手をかわすコントロールは上手かったかな？　と答える。キックは苦手だった。

香川真司もかわすコントロールのタイプ。特にターンしながらの技術が高いし早い。その能力はピカイチ。僕の数倍も上だね。稲本潤一はロングレンジの弾道鋭いキックが抜群にいい。

名波はイメージした場所にタイミング良く蹴るコントロールに長けていた。清武《きよたけ》（弘嗣《ひろし》）は止めるもいいけどキックのレベルも高い。キックでは香川より上手いと感じる。こういう自分なりの基準でプレーをみるようにしておくことも、選手を見極める上で重要になると考えている」

——なんだか、一口に止める、蹴ると言っても本当にいろいろなタイプの武器に分類されます。これを個々が色を出しながら突き詰めれば、戦い方も多彩になります。

「キックが上手い選手が増えれば、チーム全体のキックの種類が増える。つまり、幅広い戦いもできることにつながる。

例えば、オランダ人は止める、蹴るのレベルが高いから、自分たちがボールを持って相手を攻めていくというあのイメージ通りのサッカーを展開する。理に適っている。

でも、僕たち日本人は、世界レベルで見ればまだキックが下手。ということは常にマイボールで攻めていくなんていう理想論のプレーはできないし、相手がどう出てくるかを常に考慮しながら相対的にプレーしないといけないのが現状。

それでオランダ人のさらに上のレベルを行くのがスペイン人。スペインの技術力が90だとすれば、オランダが80、日本は50いくかどうか。でも、日本も止める、蹴る技術を真剣に100に近づかせないといけない」

日本サッカーに必要な「冷静さ」

ちなみに、内田が掲げ、本田や戸田氏も言及した「混血」の可能性について、藤田氏も同様に触れている。

「いろんな血が混ざり合うようになれば、こうした話や課題も違ってくる。大陸系の血をひく（田中マルクス）闘莉王のような選手は体格的なハンディは少ない。でも、島国の日本はどちらかというと保守的な文化である以上、人種の環境が大幅に変容していくことは現時点では現実的ではないと感じている」

本田と戸田氏は、日本人の個人戦術の低さについてそれぞれ語った。一方で、藤田氏は今回、「日本人のサッカーリテラシーは世界の中でも高い」と考えを述べた。一見、両極端のようなこの意見だが、分けて考えるべきなのではないかと思う。

藤田氏が言うように、確かに日本人はサッカーにおいてもリテラシーは高い。「おいても」と書いたのは、日本人は一般的にどんな分野にしても抜群の吸収力を見せる国民性である。本田の言葉を借りれば「クリエイティブさには欠ける」かもしれないが、今あるものをさらにバージョンアップさせてより良いものに変えていく能力に長けていることは、この国の経済や工業製品の歴史が物語っている。

そして、サッカーも日本には「遅れて入ってきた」ものである。先に先進世界を持った学ぶべき存在がいる分野で、その彼らのノウハウを自分たちで取り入れては、発展に結びつける。それが、ここ約30年の日本のサッカー界だったと言っていい。その意味で、やはりリテラシーは高いのである。

ただし、短い期間でリテラシーが上がり、成長の手応えも感じてきたことで、一種の「勘違い」が日本サッカーには起きているのかもしれない。

戦術は大切、技術も重要、フィジカルは不可欠……すべて必要なのは間違いないが、ここには進め方の順序があってしかるべきだ。あまりにもサッカーのあらゆる要素を急スピードで吸収しすぎたことで、何がどのレベルまで到達できていて、何が力不足なのか、サッカー界全体で冷静に見つめることができていないと感じる。

そして今回、藤田氏は自分の選手時代からヨーロッパでの指導経験を踏まえて、日本の技術レベルが著しく劣っているという意見を述べた。止める、蹴る。これが大切な要素ということは誰もが理解するが、日本人選手のレベルの実情とこの重要度を冷静に鑑みることができていないことは、藤田氏の言葉の端々で気付かされた。

ふと考えた。これは、終わりのない挑戦なのではないかと。

技術の極みがいったいどこなのか、例えばＷ杯を優勝したスペインにしても、まだまだ伸びしろはあるはず。日本が到達すべきレベルや領域、そこにおそらくゴールなどないのだろう。

そんなことを話すと、藤田氏はこう呟いた。

「答えはない。でも、こうしてサッカーに関わる人間は、答えがないものをずっと追い続けるからこそ、面白さがある」

笑顔で頷き、その言葉をサッカーに関わる記者の端くれとして、噛み締めさせてもらった。

エピローグ　サッカースタイルの問題

世界に最も近づいた夜

まだまだ短い取材人生だが、強烈に脳裏に焼き付き、全身の興奮を呼び覚ますある試合が存在する。

２０１３年６月、ブラジル・レシフェ。

日本は翌２０１４年に開催されるブラジルW杯を1年後に控え、当時のアジアチャンピオンとして各大陸王者が集うＦＩＦＡコンフェデレーションズカップに参戦していた。W杯本番前に実際に開催地であるサッカー王国で戦う貴重な機会となったこの大会。直前にW杯アジア最終予選突破を決めたばかりの日本は、高揚感とともに大会に突入していった。

初戦の相手は開催国ブラジルだった。

試合開始早々に、エースのネイマールにこれぞワールドクラスのシュートと言えるビューティフルゴールを許し、日本は出鼻をくじかれた。

その後もホームの大歓声を背にリズムに乗るカナリア軍団に対し、腰が引けた日本は当時のザックジャパン本来の攻撃姿勢を表現できず、試合は０―３の完敗に終わった。

世界トップレベルの相手に強烈パンチを浴び、心身をもう一度正して臨んだのが、レシフェで行われたイタリア戦だった。

なぜ、この試合の印象が色濃く残っているのか。

それは、まずこの街がブラジル国内の中でも特に治安の悪いところだったという恐怖心があったことも関係しているかもしれない。

ブラジル北東部にあり、一見海沿いの風光明媚な街並みに目を奪われるが、一歩路地に入ると現地の人たちからも「とにかく気をつけて」と何度も注意喚起された。

強盗を目的とした殺人が多く、知り合いのカメラマンは夜に空港に到着し、ホテルまでのタクシーの車中から路地で拳銃を突きつけられている人の姿を見たという。

実際に私が夜に乗ったタクシーも、赤信号でも絶対に止まることなく徐行運転を繰り返していた。「車が止まった瞬間を狙って、奴らはやってくることが多いんだよ」。運転手からの一言に心中ビビり倒していた。

「なんでこんな危ない街で日本が試合をするんだよ……」

内心そう思いながら数日間取材し、迎えたイタリア戦。

そんな余計な感情を吹き飛ばす試合が、眼前で繰り広げられた。

開始から、日本がボールの主導権を握り、イタリア陣内でプレーする機会を増やしていく。

イタリアは言わずと知れた、世界屈指の守備力をベースにしたチーム。

もちろん日本にボールを持たせながらも、最後の局面では堅いディフェンスでゴールを許さないという姿勢ではあっただろうが、それでもこの日の日本はブラジル戦での消極的な姿勢を払拭するようなプレーで攻勢に出た。

香川真司が仕掛ける。

本田圭佑が頻繁にパスを受け、ボールをさばく。

岡崎慎司は右サイドから何度も鋭い動き出しを見せ、ゴール前への侵入を図る。

両サイドバックの内田篤人と長友佑都も高い位置まで進出し相手に「圧」をかける。

そして彼らの動きを、ボランチの位置にいた遠藤保仁が絶妙なボールの配球で的確に操る。隣にいた長谷部誠も素早い攻守の切り替えをベースに、自陣と敵陣の上下動を繰り返した。

ボールも人も、ピッチ上で流れるように動いていく。

親日家の多いブラジル人が多くを占めたスタンドからは、日本がパスをつなぐたびにいつしか「オーレ!!」の大合唱が始まった。

この掛け声は、相手を完全に圧倒している時にしか飛び出さないもの。それほど、日本はイタリアを苦しめていたのだった。

前半、日本は岡崎の飛び出しからPKを獲得し、これを本田が左足で冷静に蹴り込みリードを奪った。

さらにコーナーキックからの2次攻撃、ゴール前での浮き球に香川真司が反応し、華麗な左足ボレーをイタリアゴールに突き刺してみせた。

相手のゴールマウスを守っていたのは世界一のＧＫとしても名高いジャンルイジ・ブッフォン。そんな名手の存在感など微塵も感じさせない、日本のゴールショーだった。

前半終了間際にイタリアはコーナーキックからヘディングで1点を返してきた。リードした状態でハーフタイムを迎えるとしても、2点差と1点差では追いかけられる側の心の余裕はやはり違う。ましてやこの対戦では日本が実力的には格下でもある。そしてその危惧は現実となる。

後半開始早々に、日本はミス絡みからオウンゴールで失点。

さらに今度は相手にＰＫを与えてしまい、これを決められあっさり逆転を許してしまった。

しかし、この試合がヒートアップしたのは、むしろここからだった。

日本は怯むことなく攻撃を続けた。

スコアボードの数字はひっくり返されたが、試合内容では一歩も引けを取らない。いや、むしろ依然日本がイタリアを押し続ける展開が続いていた。

迎えたセットプレーのチャンス。

遠藤が蹴った右サイドからのボールに、ゴール前に飛び込んだのは岡崎。ヘディングで放たれたシュートはブッフォンの右手をかすめゴールネットを揺らした。

　この時点で3―3のタイスコア。

　まだ試合は終わっていない。

　そんな意地と気概を見せる日本は、ここからさらに攻め立てる。

　中盤のスペースでボールを受けた本田が、前を向いてドリブルをスタート。目の前に立ちはだかるのは、イタリアの名門ユヴェントスでも主軸を担うDF陣たち。

　日本のエースは彼らの睨みなどものともせず、1人、2人とかわし、右足を強振。惜しくもシュートはブッフォンに阻まれたが、日本の推進力を表すプレーだった。

　さらに右サイドに開いた本田が起点となり、最後は中央から長谷部が強烈なミドルシュートを放つも、これはクロスバーギリギリを越えていった。

　そして最大の決定機が訪れた。

　中央で岡崎がキープし、左サイドを駆け上がってきた長友へパス。

　2011年からイタリアのビッグクラブ、インテルミラノでプレーしてきた長友は、普段リーグ戦で対戦する相手に物怖じすることなく突破を図り、中央に折り返した。

　ボールは一度DFに当たるも、そこに走り込んできた岡崎が左足シュート。これが右ポストに当たり、さらに跳ね返りをゴール前に詰めていた香川がヘディング。しかしこれも再びクロスバーを直撃するという不運に見舞われ、日本は逆転ゴールを奪えない。

すると、最後に痛恨の現実が待っていた。

イタリアが日本のクリアミスから一瞬のスキを突き、4点目を奪った。これで勝負あり。日本は確実に勝利をつかみかけたが、スルリと掌から抜け落ちてしまった。

ミスも多かった試合。反省点はあった。締まりよくプレーすれば、イタリア相手に勝てた試合だった。

ただ、その結果以上に、ここで繰り広げられた試合内容に目を奪われた。

昔はサッカーを観ることがこの上なく楽しかった。無心に応援し、関心のあるチームの戦いにああだこうだ言いながら試合を見つめていた。

記者となってからは、自分の中でそんな心情が徐々に薄れてきたことに気づいていた。もちろん取材を担当するクラブや選手への思い入れは、仕事をしながらでも出てくるもの。

一方で、まさに仕事としてサッカーと向き合うようになった以上、試合を観ることも作業の一環になっていたところは間違いなくあった。

このイタリア戦、レシフェのスタジアムの記者席に座りながら、間違いなく心の底から日本を応援していた。

それは、日本国民だからとか、そんな当たり前の感情とはまた別物であったことを覚えている。

現在三十代の著者世代にとって、イタリアサッカーとは世界最高を意味していた。1980年代後半から2000年代はじめまで続いたセリエA全盛期。現在の日本の多くのサッカー人、そしてサッカーファンは、戦術も技術も、そしてロベルト・バッジョなどに代表されるファンタジスタが魅せてくれたロマンも、サッカーにまつわるすべてをイタリアサッカーから吸収した人は多かったように思う。

私がイタリア戦を観ながら心を震わせていたのは、そんな相手に日本が堂々と、そして何より攻撃的に振る舞い戦っていたからだった。

流れるように攻めていく様、敵に殴られても自分たちの可能性を信じて向かっていく姿勢。あのワクワク感を現場で味わったのは、後にも先にもあの時だけだった。

もはやファンとか記者とか、試合を楽しむ、楽しまないとかを度外視して、私も含めて多くの人たちが日本サッカーに確かな光を感じることができた瞬間だったのではないか。

負けはしたものの日本が見せてくれた戦いに、この上なく嬉しさがこみ上げてきた。記者になって忘れかけていた感情だった。

そしてそれは、ここ数年の中で日本が最も世界との距離を近づけた夜でもあった。

レシフェの悪夢

それからちょうど1年後。

私は再び、あの治安の悪い海岸沿いの街にいた。

奇しくも、日本がブラジルW杯初戦を戦うコートジボワール戦の会場が、レシフェだった。2度目の来訪だけに、最初の頃の恐怖心は少し和らいでいたが、細心の注意を払って行動していた。

スタジアムは海沿いからバスで約1時間もかかる内陸にあった。車中から見つめる街並み。ブラジル特有の赤土が広がる土地に、ズラッと並ぶ個人商店。その間の路地に目をやると、昼間でもどこか入り難い空気が漂っている。

たった1年前にも通った道だけに、鮮明な既視感に包まれながらバスは進んでいった。

コートジボワール戦の惨敗劇は、もはやいろいろなところで語られている。本田の先制ゴールに胸を躍らせたが、その後は力なく失点を重ね、いいところなく淡々と負けを受け入れるような試合だった。

試合中は日本の消極的な戦いぶり、特に中盤より後ろの選手たちが自陣に重たくへばりつき、完全に相手に押し込まれるだけの展開になっていたところが気になっていた。

ただ、そうした冷静な見方とは別に、同点にされ逆転されたとしても、心のどこかで日本の躍動に期待している自分がいたのである。

それは、1年前に同じ会場で日本が見せた会心のプレーが、瞼の裏側に残っていたからである。根拠などない。

また同じ舞台で、逆転されてもめげることなく立ち向かうあの姿勢が、同じ選手たちから見られるのではないか。

しかし、そんな思いは淡くも消え去り、試合終了のホイッスルが鳴り響いた。

その瞬間、すぐに敗戦記事の構成を考え始めている自分がいた。誰もが熱視線を送るW杯の舞台、残念ながらこの時は心を震わせることも興奮に身悶えすることもなく、ただ記者としての仕事に追われる現実を生きる、いつもの自分しかいなかった。

現地時間の22時キックオフだったため、試合が終わり原稿を書き終え、帰りのバスに乗ったのは深夜だった。

試合中から降り出した雨は強くなる一方。濡れた赤土の上を走る中、暗闇の街並みを見ながら一層滅入る気分になっていった。

またこの街にやってくることなど、果たしてあるのだろうか。前年に味わった高揚感とともに、この時に味わった徒労感もまた、レシフェの思い出である。

田中マルクス闘莉王

ブラジルW杯からロシアW杯までの4年間。普段はJリーグの担当クラブや日本代表、さらには選手密着などの取材をしていくルーティーンは、それまで以前と変わらなかった。

ただ、どこかで自分のサッカー観の構築や積み上げが必要だと感じていた。さらに日本代表、ひいては日本サッカーがどんな道を進んでいこうとしているのか、そんな総体的な観点で取材に取り組む必要があるとも考えていた。

日々の取材ではなかなかこうしたテーマや観点で記事を書くことはない。勝った負けたの試合原稿を作り、また最前線で戦う選手の裏側や本音に迫ることが、普段の記者には求められている。この生業の性からは逃れられない。

とはいえ、この本のテーマにあるように、ここ数年の取材を経て自分の中にも明確な問題意識が芽生えていた。そしてその花が一気に開いたのが、やはりこの4年間だった。

ブラジルW杯期間中から、一人の選手のことがずっと頭から離れなかった。

ブラジルが母国の元日本代表DF、田中マルクス闘莉王である。

突然、なぜ闘莉王が出てきたのか。

それは、当時のザックジャパンには結局招集されることなく、母国でのW杯出場という悲願も果たせなかったことも大きな出来事だったが、実は彼には日本代表が目指す戦い方や日本人のサッカー観などについて、これまでも継続的に話を聞いていた経緯があった。

ではどうして闘莉王に、そんな本質的な話を振っていたのか。

それは、礼節や恩義を深く感じる彼の性格が、ある意味日本で生まれた日本人よりも日本人らしいと言え、なおかつプロアスリートとして豪傑なイメージが強い反面、実はその素顔は高い戦術理解力を支えにした選手であるということ。

さらに普通の日本人以上に勝負へのこだわりや勝つことに対する熱い感情も持っている。つまり、日本人の感情を持った男が、日本の足りない部分も持ち合わせているという、稀有な存在だったからである。

ブラジルW杯以降、何度か闘莉王に会いに行き、その言葉を噛み締めてきた。

日本サッカーについての彼の考えは、こうだった。

「みんな誰もが理解しないといけないのは、まだチームでも個でも日本は強豪国とは歴然とした力の差があるということ。みんな口ではわかっていると言うけど、実際のプレーや態度、行動で謙虚に示さないといけない。

ただ、それは消極的に戦えとかネガティブに振る舞えということではない。自分たちの立ち位置を正確にわかっていないで、勝負には勝てないということ。

では、なんで2010年の南アフリカW杯で日本は決勝トーナメントに進出できたのか。それはハッキリ言って、世界の舞台でも失点が少なかったから。4試合で2失点しかしていない。

ずっと日本でプレーしてきて感じてきたことだけど、守備を意識したサッカーをすることの何がいけないのか。日本人は華麗なパスサッカーとか、とにかく攻撃的かつ娯楽的なスタイルが好き。

それはファンだけでなく、実は選手にも多い。ただ、サッカーで何が第一に大事なのかと言えば、間違いなく守備。

日本はやろうとすればしっかり守れるということを、あの南アフリカW杯で証明した。その守備意識に、徐々に攻撃意識を上乗せしていく。それこそが日本が世界で戦う上で、間違いのない成長だと言えると思う。

大事なのは、いつだって自分たちの立ち位置から理想まで、どれぐらいの距離があるのかを知ること。その距離が測れないのであれば、理想も何も達成できない」

負けにくいチーム

大きな体格に任せたプレーが特徴という印象もある闘莉王だが、それは断片的なイメージでしかない。

実は基盤となっているのは先にも少し記したように、冷静な判断力と技術と戦術眼が加味されたサッカーセンス。後方から前方へ、誰よりも正確にパスを蹴り分け、味方への指示も的確。守ればフィジカルの強さも生かしながらゴールを守り、そして足元の技術の高さと戦術的応用力を生かしてＦＷまでやってしまう。

元代表DFでありながら、Jリーグ通算100ゴール以上をマークした闘莉王。あらためて日本屈指のハイスペックなサッカー選手である。

そんな彼が語る、冷静な意見。

一貫して、日本サッカーに対しても「謙虚さが武器になる」と説く。

「日本は1998年のフランスW杯に初出場して、3連敗した。次の2002年の日韓W杯では初めて決勝トーナメントに進出してベスト16まで勝ち進んだ。

2006年のドイツW杯ではヒデさん（中田英寿）や俊さん（中村俊輔）など、日本でも歴代最強布陣で臨んだにもかかわらず予選リーグで敗退した。

それで2010年の南アフリカW杯では俺たちがベスト16まで行って、2014年ブラジルW杯は予選リーグ敗退。

これを見て、わかること。日本の実力は、まだまだ安定していない。だから、まずは世界では勝つ試合をする前に、負けない試合をすることを考えないといけない。それができて、次に勝つ試合を目指す。

そうした国としてのサッカーの基本的なスタンスを、日本は作ることができていない。その監督によって、またW杯の大会ごとによって、戦い方の基本もガラリと変わってしまっている。

ブラジルW杯で強気に攻めて勝とうとしたけど、まだ早かったというのが個人的な感想。何よりまず日本人は守備の意識を持って、負けにくいチームにしないと。

そういう試合、そしてそういう大会をいくつか繰り返していくと、世界の見る目は間違いなく変わる。『日本がどんどんしぶとく戦うチームになってきている』。そう思わせて、初めて次のステップに行けると思う」


長年、闘莉王を取材してきて、彼が「日本人はどこよりも謙虚に戦うことで強さを発揮する」と考える理由がわかる。

人のつながりを大切にし、人に対する仁義を大切にする。それは彼が高校生で自分のルーツであるこの国にやってきて、日本人から教わったこと。そして何より日本国籍取得を決断した、闘莉王の生き様でもある。

今回行ってきた取材と照らし合わせると、勝つことに対する絶対的な意識は内田篤人と共通する部分がある。と同時に、戸田和幸氏が話していた「輪」の部分。戸田氏は日本人は本当の意味でつながりが弱いと語っていたが、闘莉王は日本人であればそこをより強固にして、連結して戦えると考えている。

「俺はね、日本人の国民性をもっと大事にしてサッカーをしてもいいと思っている。例えば、東日本大震災。あの時、被災者の方々は大きな混乱を生むことなく、みんなで手を取り合って協力した。その姿に、世界中の人々が拍手を送った。あれが他の国なら、正直もっといろんな犯罪があっただろうし、みんなが自分のことだけを考えていろんな場所で混乱が起こったと思う。

世界を見渡しても、みんなで連なって耐えることに関して、こんなに強い国民はいない。その分、例えばラテンの国の人たちよりも1つのミスや失敗に対する落胆は大きい気がする。だからサッカーに置き換えれば、攻撃はミスがつきものだけど、そこで点を決められないでガックリきて、さらに失点が増えればガックリする。

だからこそ、俺は日本のサッカーはまずは相手に先に点を与えないこと。そのためにしぶとく戦うやり方もアリだと思っている」

日本とラテン民族

いつの時期だか、日本サッカーの中で守備に重心を置く戦い方が好まれない空気が漂ったことがあった。それはプロローグでも記したように、2010年南アフリカW杯で日本はベスト16に進出したものの、その戦いぶりがあまりにも守備的で退屈だったという理由から、その反動で日本は攻撃的なサッカーに向かっていった。

ただ、闘莉王は日本人がさらに足元を見つめてサッカーに臨むべきだと考える。流行や嗜好、安易な理想論でサッカーの指針を決めるべきではない。そんな思いが、彼の言葉には込められている。

そして、ここでもやはり出てきたのは国民性や人種についてだった。

やはり、サッカーにおいては切っても切り離せない要素なのだろうか。ある意味、国民やファンは自分たちの感情を投影して、代表チームを応援する。

つまり、そこで我が国がどんな戦い方をするか、自分たちの姿と重ね合わせて見つめているのかもしれない。

世界中でサッカーが熱狂的である、根源的な理由とも言える。

闘莉王は日本人とラテン民族の、物事の捉え方の違いを例え話にした。

思い出したのは、藤田俊哉氏が話していた、「日本人は真剣に技術でスペイン人を超えるレベルを目指さないといけない」という意見だった。

サッカー界では、これまでもスペイン人やメキシコ人は日本人と体格差はそれほどなく、彼らのようなテクニックを生かしたサッカーが日本人にも適しているという見方が通説だった。

しかし、一方で闘莉王が言うように、自分たちと彼らでは国民性やマインドはまったく異なる。

サッカーで例えると、どちらも細かくパスをつなぐプレーで大柄なアングロサクソンやアフリカンに対抗しようとする。

ただスペイン人らラテン系は体格差を埋める対抗策としてだけではなく、純粋に人生を楽しむ「娯楽の精神」という潜在的な民族意識から、プレーをする側も見る側も楽しいサッカーを目指しているのかもしれない。

サッカーがその国民性やマインドが反映されるスポーツであるならば、それは自然な考え方だ。

日本人は、ラテン民族よりも質実な性格の傾向がある。娯楽的意識で攻撃サッカーをしようとしても、イマイチ突き抜けられないのは、闘莉王が語るようにミスや失敗に対する向き合い方に関係しているのではないだろうか。

そこは戸田氏が語っていた教育にも付随する話であり、ミスを怖がる、挑戦やトライすることに躊躇する性質では当たり障りのないプレーに留まり、スペイン人のような勝負の世界でエンターテインメント性も意識したプレーには辿り着けない可能性がある。

ただ、それでも藤田氏が考える「技術を極める」という意見は、ある意味日本人が真剣にサッカーでトップレベルに行くためには避けて通れない道であるように感じる。

娯楽性で技術を磨くことは、スペイン人には勝てないかもしれないが、日本には世界に誇る〝匠〟の精神がある。数多くの職人を輩出するこの国の人間であれば、サッカーの世界でも何かに打ち込む職人的気質で「テクニックの匠」になる道を目指せる可能性はある。

闘莉王がこう続ける。

「日本の人は何かに集中する忍耐力と技術を両方持っている。だからサッカーでも体格の大きな相手に守備意識を高めて耐えて戦って、そこから技術を生かして攻撃していくことを目指せばいい。それはある意味、日本人にしかできない戦い方だと思うよ」

厳しい意見の最後に、優しく前向きな言葉を残す闘莉王。この心遣いに、彼の日本人らしさが溢れている。

ハリルジャパン、ロシアW杯へ

もう一度、レシフェでの夜を思い返す。

きっと、あのレシフェでのイタリア戦に胸が熱くなったのは、日本代表が日本人選手の集団として、ある部分では理想に近いプレーをしていたからではないだろうか。

それは、堅陣の守備を誇るイタリア相手にも、日本は藤田氏の言う「止める、蹴る」の技術を高いレベルで連結させて攻撃し、敵を圧倒したからだった。

ただ、チーム全体の重心については、やはり当時の戦い方は前のめりすぎた。闘莉王が「守備意識」というフレーズを口を酸っぱくして話していたが、技術を生かして攻めるのはいいが、無謀に攻撃に行くとその裏を突かれて簡単に失点を喫してしまう。これがサッカーの道理でもある。世界の勢力図の中で日本サッカーの現在の実力を冷静に考えると、やはり戦い方の重心を見定めることはものすごく大切になってくる。

そしてその定めた重心こそが、大会やチーム体制を問わず現状の日本が貫くべき基本の戦い方であり、また今後の代表監督選びの明確な条件にもなってくる。

そんな未来への道筋が、少しずつ明確に見据えられるようになってきたのである。

そして、ロシアW杯を戦うハリルジャパンである。

プロローグでも書いたように、ヴァイッド・ハリルホジッチ監督は過去の日本代表では例を見ないほど、フィジカルサッカーをベースに戦おうとしている。

球際での争い、デュエルは間違いなくこれまで日本人が不得意としていたプレー。ハリルホジッチはそんな選手たちに意識改革を施し、体脂肪を細かく計測するなど体を徹底的に管理、〝戦うボディ〟作りを求めてきた。

実際の試合を見ていても、徐々に「ハリル色」が出てくるようになってきている。

２０１５年３月に監督に就任すると、その年の６月からロシアW杯２次予選がスタートした。

　始めの頃はこれまで日本が長年ベースにしてきたポゼッションスタイルが試合中にも顔を出していた。

　アジアレベルの相手は、日本に対して守備的な姿勢で臨んでくることが多く、その力関係からも自ずと日本がボールを保持する時間帯が長くなる傾向がある。

　ただ相手も引くことで、攻める側にとってもスペースがない状態となり、攻めあぐねるという流れにもなりがち。ボールは保持しながらも、ハリルジャパンもアジア相手にそんな試合が続いてしまった。

　ハリルホジッチは元来、縦に速く攻める攻撃が身上だ。

　無駄にパスの本数をつなぐよりも、スペースがあると見るやすかさず前にスピーディに攻めていき、素早く相手ゴールに迫る。無駄を省いた効率性で、勝利に直結するプレーを選択することが彼の美学だ。

　一方、戦い方が少々、いやかなり一辺倒になりがちなところは懸念される。

　縦に速い攻撃ばかりとなれば、プレーの正確性は自ずと低下していく。距離の長いパスは当然短いレンジよりも精度は落ち、またスピードに乗った状態でのキックやトラップは通常時よりも難易度が上がる。

　それはプロの選手でも同様で、今のハリルジャパンでもそれが大雑把な攻撃の連続という課題になって表れてしまっているのだ。

ここまで多くの取材対象者が話してきたように、日本人の体格を考慮した場合、あまりにもフィジカルナイズされた戦い方だけでは、屈強な相手が揃う世界の舞台では苦戦は必至だ。

ハリルホジッチが過去に率いてきたチーム、例えばフランスのクラブや前回のブラジルW杯時に指揮したアルジェリア代表などは、どこも世界的に見ても身体能力が高く、また屈強な選手たちが揃っていた。

だからこそ彼の方法論が適合してきたが、日本はそうした過去の流れには明らかに当てはまらないチームなのである。

特に攻撃面においては、一抹の不安が残る。

個人の能力で戦うには限界がある日本人。縦への速い攻撃、それが大雑把な攻めになることが多い状況を改善するためには、やはり明確なグループ戦術が必要になってくる。

チームの戦い方の重心を定めているか否か、というところでは、前回大会のように日本は〝当たって砕けろ〟の大会にはならない可能性が高い。

相手を徹底的に分析し、試合ごとに細かく指示を変えていくハリルホジッチ。

基本的には守備意識を高めることから試合に入り、チームを作っていくため、今の世界における日本の実力からすれば、見当違いのまま試合をするような間違いは犯さないだろう。

吉田麻也

では実際に、ここから日本が具体的にどんな戦い方を目指すべきなのか。

２０１４年ブラジルＷ杯を経験し、ハリルジャパンではＤＦリーダーとしてプレーする吉田麻也に話を伺う機会があった。

吉田は２０１２―13シーズン以来、イングランド・プレミアリーグのサウサンプトンに所属。世界最高峰のリーグで長年プレーした経験を踏まえ、今の日本の戦い方のヒントになる事例を語った。

「選手個人でいろんなサッカー観があって、それがうまくまとまらなかったのがブラジルＷ杯だったと思う。まずはチームとして、自分たち全員が何をしないといけないかを共通理解しておくことは大事です。

よく考えるんですけど、弱小クラブだったレスター・シティが２０１５―16シーズンになぜプレミアで優勝できたのか。それは強豪ひしめくリーグの中、自分たちの立ち位置を理解して、どんなプレーをすべきか、チームとしても個々としてもやるべきことを明確化したからなんです。

みんなで守備ブロックを作って、ボールを奪ったら相手の裏を狙って、バーディーのカウンター、マフレズの個人技、岡崎の守備と、攻撃陣もはっきりと役割分担ができていた。みんなが労を惜しまずに、チームのためにどんなプレーが必要かを理解していた。

日本も正直、そういう戦い方じゃないと強豪には喰らいついていけないんじゃないかと思います。僕はこういう戦い方がしたい、俺はこうしたいとバラバラで束ねられなければ絶対に勝てない。それはレスターが証明したことでもある。

逆にここ数年で自分が思うのは、サッカーは攻撃的にボールポゼッションをすれば勝てる競技というわけでもないということです。

この間マンチェスター・ユナイテッドと対戦して、サウサンプトンはほとんどの時間でボールを保持して、合計19回ゴール前まで攻め込んだんです。でも1点も決められず、相手は2、3回のチャンスで1点を取って勝っていった。

それでも勝者は勝者。サッカーの戦い方に正解はない。唯一、結果を出したものが正解とみなされる。それを痛感しました」

吉田はロシアW杯に向けて、「日本は、弱者のサッカーで戦うべき」とはっきり語った。ただ、こうも念を押した。

「勝者になるために、あえて弱者として振る舞うのです」

歴戦のチームや選手相手に、ブラジルW杯のような戦い方では勝てる可能性は低い。残念ながらそれが現実だが、本田や藤田氏が語っていたように、ものすごい速さで日本サッカーのレベルやリテラシーが上がってきた中で、そのスピードが鈍化したとしても決して歩みを止めないためにも、今の日本に必要なのは結果なのである。それが、内田や闘莉王が言う考えでもある。

一方で、吉田は現在世界トップレベルの舞台で日々戦っているからこそ、自分を含めた日本人の物足りなさも痛感するという。そして将来的には、その克服無くして日本が世界で勝てるチームにはなり得ないと考えている。

「プレミアの強豪や選手たちを見ていて、勝ち癖を持っているというか、勝ちを手繰り寄せられる選手がいるチームがやっぱり強いんですよ。さらにそういう選手がチームの核になるセンターラインにいることが大事でもある。

GK、センターバック、ボランチ、トップ下、そしてストライカー。ヨーロッパでプレーする日本人を見渡した時に、この位置で活躍できている選手がまだまだ少ない。

GKの（川島）永嗣くん、センターバックだと僕や鈴木《すずき》大輔《だいすけ》、ボランチでは長谷部さん、

ＦＷは大迫（勇也）とか武藤《むとう》（嘉紀《よしのり》）、選手はいるけどみんな強豪クラブではない。

僕が一番感じるのは、このセンターラインを支える選手でチームの勝敗に本当に深く影響力を与えられるポジションの人間を、ヨーロッパの主要クラブから出さないといけない。今の日本人はヨーロッパではまだ使われる側の選手なんですよ。僕自身もまだ勝利を手繰り寄せられる選手ではない。

あとは、試合中の流れの機微を、もっと感じられる選手が日本人で増えてこないといけない。サッカーは時と場合によって、表情が変わるスポーツ。

日本のアジアでの戦いぶりでもわかるけど、例えばアウェイでのイラン戦やサウジアラビア戦を振り返ってみて、あの過酷な条件で相手の体格を考えても、体力重視のサッカーだけで戦えるかと言えばそれは正直厳しい。

難しいと思うのは、サッカーを試合の中で柔軟に捉えて、プレーを変えられるかどうか。そこは日本人に最も欠けているところ。

これは決してＪリーグを軽視しているわけではないですけど、明らかにヨーロッパでプレーしている選手の方が臨機応変な判断には長けています。なぜならば僕らはこっちで、常にそういう刻々と展開が変わっていくサッカーをやらないといけないから当然なんです」

全体主義と個人主義のバランス

前者（センターライン問題）の意見に関しては、残念ながら今すぐに解決できる課題ではない。それこそ、主要クラブで中心選手になる存在がたくさん出てきたから、日本が強くなるのか。もしくは日本が強くなったから、主役級の選手を強豪クラブでも輩出できるようになるのか。

これは正直、卵が先か鶏が先かの話にはなる。一つ言えるのは、吉田が抱く気概を、他の選手も持ってプレーすることは大切だ。

一方、後者（試合の流れを読む能力）の意見は近視眼的にも日本の強化に直結するものである。特に、ロシアW杯ではまさに日本人選手の戦術的柔軟性が大切になってくることが予想される。

前述したとおり、ハリルジャパンはフィジカルサッカーという大枠はできているものの、細かな戦術的アプローチは攻守ともに乏しい。

一方で、まずはしっかり守備で試合のリズムをつかむという基本軸があることから、それをベースに試合の流れの中で、攻撃もしくは守備への舵取りを選手たちが自主的にできるかが重要となってくる。それはいわゆる、本田や戸田氏が熱弁していた、個人戦術の領域にもなってくる。

選手が自分のジャッジでプレーを構築することは、大事な要素であることは理解できる。

しかし、それが度を超えると、再びブラジルW杯前にザックジャパンが直面した組織の瓦解につながっていく恐れもある。監督の意向や考えよりも選手の決断が優先されると、チーム全体を集団として束ねられない状態になってしまうだろう。

何事にもバランスが大切だ。言葉では簡単に言えてしまうが、やはりこれに代わるベストな着地点は存在しない。

サッカーにおいても監督は戦い方を一定レベルで定め、選手も監督の操り人形になるのではなく、自分で的確なプレーを決断する能力＝個人戦術を発揮しなければならない。この塩梅を誤れば、チームは個人主義が強調された組織となり、またはあまりにも機械的な動きしかできない組織となり、いずれも崩壊してしまうことになる。

では、このバランスを見つける上で、日本では監督側には監督側の、そして選手側には選手側の、それぞれ改善点が存在する。

監督サイドの課題

まず監督側の話についてだが、例えばハリルホジッチを見ていても、そのいびつな部分がわかってくる。無骨ではあるが、不器用な采配や指導を見ていると、戸田氏が話していた言葉が思い浮かぶ。組織と個人、その良き着地点を見つける上でも「最低限、監督が明確な方法論や戦術的なアプローチを決めるべき」という基本的な考え方だ。

サッカーでは攻撃的な戦い方と、守備的な戦い方の2つに分けて評価されることが多い。本来、野球のように攻撃と守備で時間が分けられるわけではないため、当然攻守は45分間の中で常に連結していくもの。そんなサッカーの基本をあえて強調し、「攻守を分けて考えること自体がナンセンスだ」と主張する指導者もよく見受けられる。

ただ、実際の指導者の性質を見ていくとどうか。

まず、一般的に攻撃的なサッカーを展開するチームというのは、自分たちでボールを保持する時間を長くし、能動的に攻撃を仕掛けていく。そして特に敵陣に入ってからの攻撃アイディアや連係をうまく構築できている集団を指す。

次に守備的なサッカーを展開するチームは、初めに相手がボールを保持しているところから自分たちがそれを奪うというスタンスであり、その奪い方や自陣でのゴールの守り方の方法論に長けた組織を指している。

ここで、監督側の課題が浮上する。

「攻守を分けて考えること自体がナンセンスだ」とサッカーの本質は理解しながらも、多くの監督が攻撃的な指導に長けた人間か、守備的な指導が得意な人間か、そのどちらかに偏る傾向があるのだ。

攻撃的な指導を基本スタンスにする指揮官は、往々にして守備に切り替わるとその攻撃姿勢が弱点となり、守備の的確なリスクマネジメントを植え付けることができずに失点を増やしてしまう場合がある。

守備的な指導を前面に押し出す監督も、いざ自分たちがボールを持って敵陣に入ると、途端に稚拙なプレーとなりうまく敵陣を攻略できない場面が散見されるのである。

これは、現在Jリーグで繰り広げられている各クラブの試合を観ていても顕著だ。どのクラブも、大体攻撃か守備、どちらかの色だけが濃いサッカーをすることが多い。その中でもJリーグ最多タイトルを獲得している鹿島アントラーズだけは、常に攻守の良き塩梅を見つけながらプレーしている。

鹿島はその時代の監督ごとに細かな戦い方は変化するが、常に不変の「4―4―2」システムが基盤としてしっかり根付き、攻撃も守備も毎試合相手や試合中の戦況に応じてプレーの軽重を変えていく戦い方ができる。

チームに型があるからこそ、選手たちもそれを体現しながら、状況に応じたプレーを判断していく、自ずと個人戦術が養われる環境と言っても過言ではないだろう。

このように、攻守を分けることはナンセンスという本質に、残念ながら今の日本サッカーはまだまだ辿り着けていないのである。

そしてそれは、代表を指揮するハリルホジッチも同様。先述したように決定的に攻撃面の指導力に疑問符がつくのである。

選手サイドの課題

では、選手側の課題についてはどうだろうか。監督の操り人形ではいけない、つまり試合の機微や流れを感じながらピッチの中で選手個々もプレーを構築しないといけない瞬間はやってくる。

ただ、その個人の判断の針が極端に振れすぎると、今度はチームプレーを壊すことになってしまう。ここでも良き塩梅を見つけることが必要になってくる。

そこで、今回登場した人たちの言葉を振り返ってみる。

戸田氏は自身がプレーしたトルシエジャパンでの経験や、現在のスペインやドイツなど各国のプレーを鑑みた結果、「サッカーチームにはまずしっかりとしたプレーのコンセプトや型があることが何より大前提」と話していた。

藤田氏はオランダでのコーチ経験を踏まえて、「こっちの選手たちはまずは国としてもチームとしても、自分のプレー以前にこういうプレーをするという全員共有したスタイルが根付いている」と語った。

そして本田は、戦術大国・イタリアでの経験をもとに、「確かにイタリアのサッカーは今はモダンとは言えない。でも、あいつらは試合に勝つためにはどんなプレーをしないといけないかがわかっている。そこは学ばないといけないところでもある」と吐露した。

いずれも共通しているのは、サッカーが強い国、クラブ、環境には、そこでプレーする誰もが共通して理解する〝プレー像〟が出来上がっている、ということだった。

そのプレー像に当然正解はなく、各チームで異なる。

ただそれはハードマークが武器のDFも、パスを得意とするMFも、ドリブル突破が自慢のサイドアタッカーも、得点嗅覚に優れたストライカーも、個々の特徴は違えども必ず全員がチームの中では遵守しなければならない概念なのである。

強豪チームは、このプレー概念をしっかり構築しているからこそ、強さを保つことができている。

バルセロナやかつてのアヤックスのような、クラブ自体がそのプレー概念を貫くところは今はむしろ少なくなってきているのかもしれない。ただ、先ほどの監督の指導力の話にリンクすると、一定量もしくは一定質のプレー概念をチームと選手たちに植え付けられる指導者こそが、現代では優れた存在なのかもしれない。

ジョゼップ・グアルディオラやジョゼ・モウリーニョらを名将と評する際、我々はどこに着目しているのか。

それは、彼らが様々なビッグクラブを渡り歩きながら、その都度マイナーチェンジを施しつつもチームと選手に何を共有させ、どう戦っていくのか、その「方策」についてである。

彼らはどこに行っても、眼前の集団に確固たるプレー概念を植え付けることに長けていると、言い換えられるだろう。

概念、つまりある程度のルールを定め、それに則って選手はプレーする。

もちろん、そのルールを10割守らなければならない束縛はない。

チーム概念を大きく崩さない程度で、自己を表現する瞬間も試合では必要になる。

それが、いわゆる個人戦術を発揮する瞬間であり、定石のチームプレーに変化をつける個の力に値する。

相手からすれば、しっかりとしたチームプレーをベースに向かってこられ、機を見て個人が虚を突くプレーも織り交ぜられることになる。

戦いにくいのは当たり前である。

強い集団には、強いプレー概念が存在する。

強いプレー概念があるからこそ、間隙を縫って放たれる個の力が威力を発揮する。

チームに確固たる戦い方の基盤がある鹿島には、それこそ彼らが不変に貫くプレー概念がある。

そして内田篤人という選手にも、その概念が骨の髄まで染み込んでいるのである。

チーム概念、そしてプレー像を共有している組織であれば、選手が個人戦術を発揮するバランスも自ずと理解できる。同時に概念を飛び越え個人主義が爆発することもないのだろう。

２０１４年ブラジルＷ杯の痛み

多くの刺激的な言葉と意見、哲学、本音、それらが合わさって放たれた、それぞれの価値観――。

顔が違えば考えが違うのは当然だが、今回登場した人たちは皆がそれぞれのサッカー観を語ってくれた。

日本代表が世界で勝つために。日本サッカーが強くなるために。

何度も言うように、あまりにも漠然としたテーマ設定ではあったが、だからこそ今となっては様々な観点から意見が飛び交う展開になったと、勝手ながら前向きにとらえたい。

今回、論旨の中でブラジルＷ杯を戦った日本代表について、あまり好意的な書き方をしなかったきらいがあった。

それは何も、あのチームをただ単に「大失敗だった」と断罪するつもりではない。

サッカーファンにとっても、そして我々取材をしていた記者にとっても、ザックジャパンは過去の代表チーム以上に大志を抱かせてくれたチームだった。

もちろんその反動で、勝てなかったことで被った日本サッカー全体の傷は深く、今も痛々しく残っている。

ただ、ここから続く長い日本サッカーの歴史を考えると、間違いなく必要なトライであり、チャレンジであり、そして痛みだったと捉えることは大切だ。

未熟ながらも、強い者に楯突き、頂点を目指す。

そのスタンスは今や反省点のように語られるが、その気概だけは失う必要はない。まだまだ日本は世界の中ではチャレンジャーの時期を過ごすことになるだろう。

下から突き上げる立場である以上、強豪国を食ってやる強い気持ちこそが、日本の選手たちのメンタリティをより強くし、自信につながっていくと信じたい。

そしてロシアW杯を戦うハリルジャパンについても、率直に忌憚なく現状の出来、不出来について触れた。

このチームは誰が観ても分かるとおり、万能型ではない。

本田がサッカーの勝負をじゃんけんに例えた言があったが、堅守速攻のみが現状唯一の戦い方であるこのチームは、まさにじゃんけんのように対戦相手にハマれば強く、ハマらなければ脆いと言える。

ただ、楽しみな観点も当然存在する。

それは、ブラジルW杯を反面教師にし、日本が冷静なスタンスで世界に打って出ること。

さらに苦戦が予想されているが、日本がこれまで自分たちが苦手とし、フタをしてきたフィジカルサッカーにトライしてW杯を戦うことである。

そこには厳しい戦いが待ち受けているのか、それとも我々が考えもしない日本サッカーの未来へのヒントが得られるのか。

もちろん、彼らも過去の代表チームとは違うスタンスで戦い、勝っても負けても新たな足跡を残すことだけは間違いない。

オシムジャパンとアギーレジャパン

1998年フランス大会、岡田ジャパン。初めてのW杯は右も左もわからぬまま3連敗で終わった。

2002年日韓W杯、トルシエジャパン。日本が世界と戦う上で必須だったチームコンセプトを固め、ベスト16の歓喜を味わった。

2006年ドイツW杯、ジーコジャパン。史上最高と呼ばれる才能が集結したチームは自由を武器に戦おうとしたが、苦水を飲んだ。

2010年南アフリカW杯、第2期・岡田ジャパン。4年前の悔しさを胸に、腹をくって守備的な布陣で敵を跳ね返し、決勝トーナメントに進出した。

2014年ブラジルW杯、ザックジャパン。ドイツW杯の代表を超える人気と期待を集めて臨んだ攻撃的集団は、優勝の夢も打ち砕かれる惨敗を喫した。

そして２０１８年ロシアW杯、ハリルジャパン。日本が初めて、心身ともに自分たちの弱点克服を目指して、世界とガチンコで勝負する大会になる。

どの大会も、日本は違う表情で戦ってきた。

日本には確固たるプレー概念も、コンセプトも、サッカースタイルも、今はまだない。だからこそ、４年に1度の大会ごとに、まだプロができて30年弱の国は試行錯誤を繰り返し、自分たちに見合う「これだ」と確信できる型を求めてきた。

ある意味、これだけ異なるスタンスで戦ってきたことは、財産でもある。

すべてをやり尽くし、そのすべてで手応えを得られなかったのであれば、それこそ日本はさらに真剣に自分たちのプレー概念を見つける決意と覚悟を持たなければならない。

ただすべてをやり尽くし、その中で過去の大会で自分たちに見合う戦い方があったのであれば、それを見直し実行すれば良いのだろう。

ここには、２つ抜けている時代がある。

1つは２００６年ドイツW杯後に就任した、オシムジャパンだ。

その翌年12月に指揮官が病に倒れ、志半ばにしてチームは終わりを迎えた。

今回の取材では、本田がオシム元監督のサッカーについて触れていた。イングランド的なインテンシティ（プレー強度）、イタリア的なタクティクス（戦術）の共存。つまり、それは身体と頭脳が高いレベルで交わる戦い方という捉え方を、彼はしていた。

その両面とも、日本はまだまだ足りない。

しかし、トルシエジャパンやザックジャパンで、日本は細かな戦術的なアプローチを経験した。そしてプレー強度を武器にした点では、第2期・岡田ジャパンの戦いぶりはタフネスに溢れており、そしてハリルジャパンはそれをも超越するフィジカル強度で敵と戦おうとしている。

タクティクスとインテンシティ。

それぞれを武器にして戦った時代を経験していることになる。

オシム氏が監督に戻ることはないが、近い将来その融合をプレー概念に落とし込む作業と、それを実現できる指揮官の選択が、次なる日本サッカーのステップになるかもしれない。

そしてもう1つ抜けている時代と言えば、2014年ブラジルW杯後から指揮したアギーレジャパンだ。

2015年1月のアジアカップ後、自身の身に降って湧いたスペイン時代の八百長問題により、日本サッカー協会も解任を余儀なくされたことで終わりを迎えた。

メキシコを率いてW杯を戦い、またスペインクラブでも経験豊富な指揮官は、当初は堅くハードな守備をベースに縦に速く攻める、堅守速攻スタイルだと見られていた。

しかし実際に采配し始めると、日本がこれまで慣れ親しんだボールポゼッションをベースに、守備では対人プレーを強化。自分たちから攻撃も守備もアクションを起こす戦い方で、攻守両面でしっかりと方法論を持つ監督であった。

アジアカップは準々決勝でＰＫ戦の末に敗れてしまったものの、試合運びはどの試合も安定していた印象だった。

今でも選手の間ではアギーレの印象は好評で、チームの行末を体感してみたかったと話す選手も数多い。

振り返ると、この世界にタラレバはないだろうが、オシムジャパンとアギーレジャパンに関しては、ともに道半ばで頓挫したチームが継続していれば、果たしてどんな集団に仕上がっていたのかという悔恨は少なからずある。

テクニックや戦術、フィジカルと、彼らはそのどの部分にも偏りのない平均点の高いチームを作ろうとしていた。少なくとも、その兆しは感じ取ることができた。

それは、そのまま日本サッカーが持つべきプレー概念やスタイルという言葉に昇華できるものだった可能性も十分あっただろう。

意外と、日本サッカーが辿ってきた形跡をもう一度しっかり見直せば、そこにも強豪国への道が隠されているのかもしれない。

あらためて、サッカーは難しく、複雑だ。

もし、この本を読んでいただいている方でまだライトなサッカーファンだという方には、興味や関心への入り口を狭めてしまうような言い方かもしれない。

しかし、プロローグにも書いたように、勝つための方法論に絶対の正解はなく、それは日本だけでなくどの国もチームも抱える永遠のテーマだ。

そしてここに登場した皆が語ったように、日本人という特性、特徴からして、我々が集団競技であるサッカー、勝負事であるサッカーに適しているのか否かという、より本質的な問題もあらためて提示されたことは、今後さらに突き詰めていく意義のある展開だった。

日本サッカーが世界の頂点に立つには、という題材ではあったが、当然今回取材し記した私も読者の方々も、そんな方法が簡単に見つかるはずないことはわかっている。

それでもこの難題に挑んだのは、もちろんテーマに対する答えを軽々しく明言するためではなく、こうした幾方向からも切り口のある話題を通して、今日本サッカー界の最前線に立つ人たちがどんな考えや思いを抱いているのか、その一端を伝えることが果てしないテーマの答え探しに、微かでも役立つのではないかと思ったからである。

登場した選手、関係者たちが語った内容は、どれも金言だった。

日本サッカーの行末を思うからこその言葉たち。

この人たちだからこそ発することができる、まさに本質の数々だった。

著者略歴

１９８１年、愛知県に生まれる。幼少期はリトルリーグで4番打者を務めるほどの野球少年だったが、徐々にサッカーに魅了され、明治大学在学中より横浜ＦＣの専属ライターとして活動を開始。２００７年からはサッカー専門新聞「EL GOLAZO」の記者として名古屋グランパス、ＦＣ岐阜、川崎フロンターレ、ＦＣ東京を担当し、現在日本代表で活躍する本田圭佑や吉田麻也を若い時代から取材する機会に恵まれる。Ｊリーグから日本代表、海外サッカーまで幅広く取材。雑誌「Number」をはじめとするスポーツ誌、総合誌などにも寄稿している。共著に『サッカー日本代表「個の力」の本当の意味』（じっぴコンパクト新書）がある。

日本《にほん》サッカー　頂点《ちょうてん》への道《みち》

二〇一八年四月七日　第一刷発行

著者　西川《にしかわ》結城《ゆうき》

発行者　古屋信吾

発行所　株式会社さくら舎　http://www.sakurasha.com

東京都千代田区富士見一-二-一一　〒一〇二-〇〇七一

電話　営業　〇三-五二一一-六五三三　ＦＡＸ　〇三-五二一一-六四八一

編集　〇三-五二一一-六四八〇

振替　〇〇一九〇-八-四〇二〇六〇

カバー写真　日刊スポーツ／アフロ

装丁　長久雅行

印刷・製本　中央精版印刷株式会社

ISBN978-4-86581-145-2